高速公路路面管理智能决策模型研究

谢 峰 ○ 著

西南交通大学出版社
·成 都·

图书在版编目（CIP）数据

高速公路路面管理智能决策模型研究/谢峰著. —成都：西南交通大学出版社，2015.9
ISBN 978-7-5643-4307-1

Ⅰ.①高… Ⅱ.①谢… Ⅲ.①高速公路－沥青路面－路面管理系统－智能决策－决策模型－研究 Ⅳ.①U418.6

中国版本图书馆 CIP 数据核字（2015）第 220180 号

高速公路路面管理智能决策模型研究	谢峰 著	责任编辑 胡晗欣 特邀编辑 柳堰龙 封面设计 何东琳设计工作室

印张	9.5	字数	168千
成品尺寸	165 mm×230 mm		
版次	2015年9月第1版		
印次	2015年9月第1次		
印刷	成都中铁二局永经堂印务有限责任公司		
书号	ISBN 978-7-5643-4307-1		

出版发行	西南交通大学出版社
网址	http://www.xnjdcbs.com
地址	四川省成都市金牛区交大路146号
邮政编码	610031
发行部电话	028-87600564　028-87600533
定价	38.00元

图书如有印装质量问题　本社负责退换
版权所有　盗版必究　举报电话：028-87600562

前　言

　　近年来，高速公路交通量大幅度增加，在过重的交通荷载和自然环境的综合作用下，公路病害尤其是路面病害日益增多，致使路面养护工作量大量增加。实践也证明"高速公路质量高，养护没必要"的认识是错误的。每年公路管理部门在养护方面投入的资金又是有限的，公路养护管理部门必须考虑怎样将有限的资金分配到最需要采取养护措施的路段。因此，高速公路路面养护管理问题也越来越受到普遍关注和重视。

　　目前，我国公路养护管理事业总体上还处于较低的发展水平，现代信息技术等高新技术的集成与应用比较薄弱，高速公路养护管理部门采用的传统管理手段与养护需求之间的矛盾日益突出，提高高速公路养护管理的科学化、信息化与智能化成为交通运输部门的一个重要课题。

　　本书以路网养护管理为目的，在道路工程学和管理科学理论的基础上，以高速公路养护管理决策为主要研究对象，采用现场调研与数值计算相结合的综合研究手段，并运用了地理信息理论以及人工智能等先进技术，以 GIS 技术为开发平台，通过系统分析的方法构建既能交互式运行又有自适应能力的决策管理模型，为路面管理决策者进行路面使用性能评价与预测，并在预定的标准和约束条件下合理确定多目标的路面管理决策优化方案，用以满足现代化、大规模的路网养护管理要求，这对于高速公路运营和社会经济的可持续发展都具有很重要的理论和现实意义。

　　本书主要内容有：

　　1. 通过研究国内外高速公路路面养护管理模式和业务需求的现状，提出以 GIS 技术为平台的养护管理总体设计，根据高速公路养护管理部门的操作业务流程，制定了系统的数据处理流程和功能组成，并设计了系统的总体框架和混合模式的网络结构模型，确定了系统的部署方案和原则。

　　2. 根据养护管理数据需求分析，确定了养护管理空间数据库和属性数据库的主要内容，设计高速公路数据采集的录入标准，外业数据包括路面破损、路面弯沉、路面平整度、抗滑性能、交通量等，内业数据包括路面结构类型、路段编码、路面维修历史数据等。通过动态分段技术实现对公路空间数据和属性数据的有效关联，实现适用于高速公路养护管理的 GIS 数据库管理。

3. 路面状况评价是路面管理系统的必要的功能模块，是进行路况预测、优化对策的基础。以沥青混凝土路面养护实际检测中经常采用和易于仪器测量的路面破损状况、行驶质量、强度及安全四个单项评价为基础，针对影响路面性能的不确定因素，提出符合高速公路养护管理实际工作需求的基于模糊神经网络的路面使用性能综合评价模型。

4. 针对影响路面性能的主要因素进行分析，根据当前高速公路大多数运营时间较长的实际情况，通过对数据库中的历史数据进行训练、测试，基于可以自学习、自适应的 BP 神经网络模型建立路面性能预测模型，为跨年度的道路养护资金需求提供参考。

5. 路面的养护决策优化是整个路面养护管理系统的核心，在研究养护决策优化和多目标优化的基础上，针对传统数学规划方法进行的高速公路路面养护决策优化运行效率较低和难以实际运用的不足，建立带约束条件的多目标离散 PSO 养护决策模型，通过各个粒子在解空间追随最优的粒子进行搜索优化，从而得到在养护资金等多个约束条件下的全局最优养护方案 Pareto 解，解决了大规模复杂路网的管理策略优化的问题，以实现养护管理决策的智能化。

鉴于本书所涉及的学科门类较多，各专业之间的跨度非常大，限于编制人员的业务和技术水平，疏漏之处在所难免，不妥之处恳请指正。

本书编写过程中，参考引用了书末所列参考文献的内容，在此，向这些文献的作者深表谢意！

作　者
2015 年 8 月

目 录

第1章 绪 论 ... 1
- 1.1 研究背景 ... 1
- 1.2 国内外研究现状 ... 3
- 1.3 问题分析 ... 9

第2章 高速公路路面管理系统设计 ... 11
- 2.1 业务需求调研 ... 11
- 2.2 业务流程分析 ... 15
- 2.3 系统设计原则 ... 16
- 2.4 系统功能设计 ... 19
- 2.5 系统结构设计 ... 21
- 2.6 本章小结 ... 28

第3章 基于GIS的高速公路数据库 ... 29
- 3.1 数据需求分析 ... 29
- 3.2 路面管理数据采集 ... 31
- 3.3 公路数据库的设计 ... 41
- 3.4 系统的功能实现 ... 58
- 3.5 本章小结 ... 63

第4章 高速公路路面性能评价 ... 64
- 4.1 概述 ... 64
- 4.2 路面使用性能单项评价指标 ... 66
- 4.3 路面使用性能综合评价 ... 73

4.4　高速公路路面使用性能模糊神经网络综合评价模型……………78
　　4.5　本章小结………………………………………………………………96

第5章　高速公路路面使用性能预测………………………………………97
　　5.1　路面使用性能影响因素研究…………………………………………98
　　5.2　路面使用性能预测方法研究…………………………………………100
　　5.3　基于BP神经网络的路面性能预测…………………………………103
　　5.4　本章小结………………………………………………………………111

第6章　智能化多目标养护管理决策……………………………………112
　　6.1　养护决策优化方法研究………………………………………………112
　　6.2　多目标优化研究………………………………………………………117
　　6.3　基于粒子群的多目标养护决策模型…………………………………125
　　6.4　本章小结………………………………………………………………140

第7章　展　望………………………………………………………………142

参考文献………………………………………………………………………143

第1章 绪 论

1.1 研究背景

高速公路是 20 世纪 30 年代在西方发达国家开始出现的,专供汽车高速行驶。高速公路要求能满足较高的设计速度,专供汽车分向、分车道行驶并全部控制出入路口的多车道公路,中间设分隔带,全部立体交叉,并具备完善的交通安全设施。使用高速公路能够极大地缩短行程时间,加快地区之间的运输周转速度。

20 世纪 70 年代,我国开始研究规划高速公路的建设,1988 年全长 18.2 km 的沪嘉高速公路建成通车,实现了国内高速公路零的突破。为了"让中国的经济发展驶入快车道",有关人士提出了加快修建高速公路的倡议。我国高速公路经过将近二十年的奋斗已基本达到了国外发达国家的发展水平。2004 年 12 月,交通部(现交通运输部)颁发了《国家高速公路网规划》,国家高速公路网规划采用放射线与纵横网格相结合的布局方案,形成由中心城市向外放射以及横连东西、纵贯南北的大通道,由 7 条首都放射线、9 条南北纵向线和 18 条东西横向线组成,简称为"7918 网",总规模约 8.5 万千米。

截至 2013 年年底,我国公路网总里程达到 434.6 万千米,全国高速公路由"十五"期末的 4.1 万公里发展到 10.4 万千米[2],居世界第一位。我国已修建的高速公路的里程如图 1-1 所示。

由于我国高速公路修建历史较短,管理经验也不丰富,在过重的交通荷载和自然环境的综合作用下,随着时间的推移,高速公路路面的沉陷、裂缝等病害变得越来越明显。高速公路路面过早出现破损现象,影响了道路的服务能力,缩短了路面的使用年限,阻碍了交通运输综合效益的发挥。

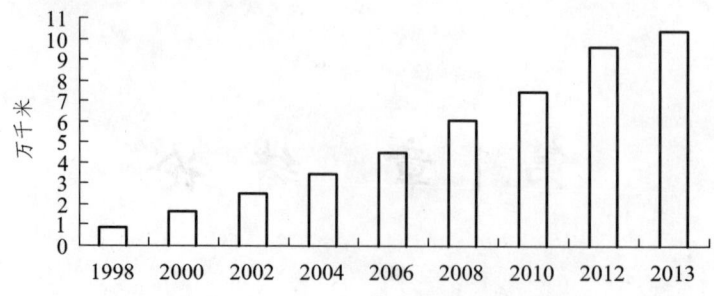

图 1-1 中国高速公路的建设进程

高速公路建成后，只要养护管理及时得当，并且采取合理的预防性养护措施，可延长公路使用寿命。实践也证明"高速公路质量高，养护没必要"的认识是极不科学的。由于公路管理部门在养护维修投入的资金是有限的，这就需要考虑如何把有限的养护资金合理地分配到最需要采取养护措施的路段，这样才能将公路的路面使用性能保持在安全、舒适的状态。因此，高速公路养护措施和养护管理决策也越来越受到普遍关注和重视。

交通运输部颁发的"十二五"公路养护管理事业发展纲要第 16 条提出：推进公路养护科学决策。大力推进公路养护信息化建设，完善部省两级公路数据库，建立数据动态更新机制。全面推广路况快速检测、分析、决策支持成套技术，促进路面、桥梁、隧道等养护管理系统的普及与集成应用。完善公路养护科学决策制度，研究建立以路况水平、服务水平和资金需求、投资效益评估结果等因素为依据的公路养护决策机制，初步实现在最佳时间对最需要实施养护的路段，采取最恰当的养护措施，提高公路养护决策的科学化水平和养护资金使用效率[3]。

高速公路交通量近年来逐步递增，伴随高速公路的超负荷运行，直接导致公路病害日益增多，给公路养护工作带来了巨大压力。现在高速公路养护管理部门在实际工作中所采用的传统管理手段与当前大规模养护需求之间的矛盾日益尖锐，主要体现在公路养护管理数据的迅速增加，管理单位如果采用传统的纸质资料档案式管理，随着时间的推移，由于老化、磨损等，就会造成数据信息丢失。另外，这种存储管理方式在查询检索相关数据时十分不便。

长期以来，养护管理的相关部门没有制定一套科学的检测、评价以及决策方法，而是仅凭临时性的对路面状况进行的定性分析和评价以及工程师的一些养护工作经验来确定。由于经验值的不稳定性以及对道路破损没有客观的量化数据，养护方案不切实际，浪费了养护资金，造成道路使用性能下降和道路养护费用上升。尤其是没有足够的历史检测数据，对跨年度的养护需求预测不准，导致有限的养护资金不能发挥最大的养护效益。其后果是影响了公路的畅通，威胁了公路运输的安全，制约了我国经济的快速发展。

高速公路养护管理是近 20 年在我国公路管理出现的一个新的领域，它在理论水平和应用上还有大量工作有待研究。只有贯彻科学发展观，通过建立科学、完善的公路路面管理系统，改变目前的公路养护管理方法，提高公路的运输效率，为路面管理决策部门提供客观的路面使用性能评价与预测，以及智能化的路面养护决策，才能够满足现代化、大规模和高质量的高速公路养护需求。这对于高速公路运营和社会经济的可持续发展都具有很重要理论和现实意义。

1.2 国内外研究现状

路面管理是通过对路面状况监测与评价，对未来发展进行预测，为路面养护活动及资金安排进行规划管理的一整套系统过程[4]。路面管理含有对路面的养护规划、路面的养护施工、路面路况监测和路面性能的相关评价等方面工作。

路面管理系统主要是依据系统分析方法，通过将政治因素、技术因素、经济因素、社会因素等综合考虑，部署相关的路面管理工作，以确保路面管理工作不断地实现系统化为目的，能够为管理部门的决策者提供分析和决策的工具和方法。

由于各个国家管理机构和机制不同，各个国家对路面管理系统都有不一样的定义。美国的 AASHTO，即各州公路与运输工作者协会，将路面管理系统的定义写在了路面管理指南当中，PMS 包含着许多工具以及方法，来帮助路面养护的决策者们在进行相关的路面养护决策过程中能够找到最优的策略，使路面能够在相对长的时间内可以始终保持一个好的状态[5]。

ARRB，即澳大利亚道路研究所，也对 PMS 进行了定义：主要是用于对路面进行优化，含有信息采集方面的内容、相关的信息分析以及方案决策方面等的管理方法[6]。

我国学者潘玉利在其著作《路面管理系统原理》中提出，为了能够准确、实时地了解到公路网的破损状况，能够把那些有限的养护资金及时地分配在那些急待需要养护的路段上面，开发与路面破损数据相应的检测设备，建立了公路数据库，制定了相关的评价方法、评价标准以及优先养护排序模型。这种以计算机为主要的管理工具的路面管理技术可以被称作是路面管理系统，即 PMS：Pavement Management System[7]。

按照不同的需要和评价标准，路面管理系统被分为两个层次，即网级路面管理系统以及项目级路面管理系统，并在不同层次上采用不同的检测方法、检测数据和养护分析模型。不同层次的管理系统在内容和结构上各有侧重，能够分别的适应不同管理层次的相关需要。两个层次都包括了路面状况数据采集、现状分析、未来预测、对策选择和系统实施等过程，需应用多门学科的知识，以系统工程为指导并吸收管理学科的研究成果，应用计算机学科的新方法，综合形成用于路面管理的决策系统。

网级路面管理系统着眼于宏观管理的全部内容，主要是用于制定一个全省路网相关的养护计划，统计全部路网养护需求以及实施优化养护费用分配，这种目标主要是为了路网的整体养护效益实现最大化，这种做法是为了使养护管理决策部门能够在进行相关的行政决策时提供一些重要的依据，主要内容包括：路网规划、制订计划、资金预算、资源分配。

项目级的路面管理系统一般是以路网当中的某一路段作为重点研究对象，从我们所说的施工技术以及养护经济的角度来制定一个科学的养护方案，系统一般情况下都是以网级路面管理系统所提供的养护费用和养护周期条件为前提，其目标是实现路段养护效益的最优化，它必须采集更为详细数据和结合当地情况的资料，进行具体的养护分析和方案设计。

我国公路养护管理的模式与其他国家有所不同，省级公路管理局作为公路养护管理的最高决策部门，不仅负责路网养护的宏观决策如投资需求分析、养护资金分配和路网长期养护战略的制定，还负责年度大中修养护计划的制订和大中修养护方案的审核。我国路面管理系统的研究和开发也体现了这种管理模式，以 CPMS 为例，首先在路况数据采集方面实施路网全面的检测而非样本检测；其次路网的中长期养护规划、投资效益分析等战略决策和年度养护计划的制订采用同样的养护分析模型。网级和项目级两个层次的决策常常是交织在一起的，因而没有存在明显的区分。

1. 国外研究现状

路面管理系统方面的研究起源于北美洲的加拿大及美国等国家，最开始进行的研究方向是路面设计方面的内容。20 世纪 60 年代中期，美国的州公路与运输工作者协会（AASHTO，America Association of State Highway and Transportation Officials）制定了本国各州一起合作的研究计划（NCHRP），提出要在路面的相关领域研究出一些新内容，以能够不断地优化路面设计的方法。当时是在路面设计当中引入了相关的系统分析方法，并且还首次提出了一些与路面设计系统相关的概念，从此开创了路面管理系统研究领域的先河。

20 世纪 70 年代初期，美国德克萨斯大学的汉德森教授（Hundson）等人充分利用运筹学以及系统工程学的相关理论对"路面管理系统"（PMS）进行了开发和研究[8]。此后美国以及加拿大的一些州或者省都开始相继的自主建立了路面管理系统，路面管理系统在美国得到了国家水平上的重视和发展。

1981 年，美国联邦公路管理局（FHWA，Federal Highway Administration）出版了 *Proceeding* 一书，该书论述了开发设计和实际应用路面管理系统的 13 个具体步骤。到 20 世纪 80 年代中期，美国大约有 35 个州基本建成路面管理系统。90 年代初，全美 50 个州都已建成和实施了路面管理系统[9]。

1996 年，美国联邦公路管理局（FHWA）和美国各州公路与运输工作者协会（AASHTO）的联合研究一致认为：维护以及管理现有的公路运输系统相对来说都会比施工设计显得更为复杂一些，解决那些资金方面不足的问题，只有依靠战略决策来解决，并运用有关路面的管理系统来进行准确的决策，以便能够合理配置那些有限的资源[10]。在这些开发使用的路面管理系统中较有代表性的有：

（1）美国德克萨斯大学开发的"城镇道路管理系统"是一种专门为中小城镇设计的综合型路面管理系统，该系统可以在"网级"和"项目级"

两个不同的层次上，提供合理有效的计算机管理[11]。

（2）加拿大的安大略交通部路面管理系统（MTO Pavement Management System），使用专用检测车，进行路面表面破损半自动化和全自动化数据采集，并对路面性能的技术要求和标准的建立评价体系，通过建立适用当地情况的大中修决策树，进行各路段的大中修分析，结合投资和性能的约束，最终得到可行性方案。安大略交通部401高速公路已成为各省养护管理的典范。

（3）美国陆军工兵团的PAVER系统，经过长期检测积累能够提供丰富的历史路面状况信息，通过对路况评价、预测，根据当前和今后养护的需要，可以得到最佳的养护对策方案和改建工作等。在该系统中首次提出用扣分法来建立路面破损评价模型，该模型能够精确地折算出由多种不同损坏类型所导致的路面总体损害程度，直到现在仍得到许多国家广泛的应用[12]。

（4）世界银行设计建立的路面管理系统（HDM-Ⅲ）已在世界上不少国家都得到了较大范围的应用[13]。这个系统重点应用在每个工程项目的评价以及评估上，还用于包括一些车辆运行费用计算和在资金等约束条件下形成的工程施工方案方面的分析。

（5）世界银行委托国际道路发展与管理研究机构（ISOHDM）在HDM-Ⅲ的结构基础上，于1993年应用可视化的编程工具开发了新的一代路面管理系统HDM-4[14]。该系统除具有HDM-Ⅲ的主要功能，还可以与其他路面管理系统数据库的数据实现共享。同时该系统根据路面使用性能的预测，可以通过道路费用和道路使用者费用进行最优化决策的分析。

（6）美国高达公司在2005年承接了加州Oakland国际机场道面管理系统（APMS）的建立。该项目是在对机场道面状况检测后，创建相关数据库，数据库和机场平面图的GIS连接，是利用Arc View软件来实现的，然后再利用PAVER软件完成机场道面管理系统（APMS）的建立。建设好的APMS系统将为机场技术人员制定道面维修计划确定需要养护维修的区域以及对大修项目的优化排序等工作进行指导，并为决策者以最经济的方式分配有限养护资金等提供帮助[15]。

（7）佐治亚州交通厅已建立了基于GIS的路面管理系统，该系统采用GPS或人工调查采集的道路基础数据，再叠加上地形、地物等信息，构成信息量巨大的地理信息系统。该系统可用于制订中长期路面养护维修计划，并对路面维护的资金、最低的性能要求和其他条件进行分析，通过数据分析，及时提供需要加强养护或修复的信息，为公路管理者的决策提供科学的参考。GIS 的应用使该州每年的路面养护费用节约近 1 亿美元的资金[16]。

随着科技的发展，国外路面管理系统也在朝着更加实用化、商业化的方向发展。国外已将全自动化数据采集技术和数字图形信息采集技术应用于路面管理系统中，路况数据库日趋完善。人工智能、Internet 技术、地理信息系统（GIS）等技术的应用使得新路面管理系统的分析结果更加准确，使用更加方便。国外很多国家在公路养护管理 GIS 方面的应用已经比较成熟，如美国、欧洲和日本已经研制出了比较成熟的智能化公路养护管理 GIS 系统，这也是今后公路 GIS 发展的趋势[17]。

2. 国内研究现状

我国的路面管理起步较晚，目前处于从引进国外先进系统并逐步走向自主研发的阶段。1984 年，我国交通部（现交通运输部）研究所引进了英国的 BSM 路面评价系统（Snaith，1984）[18]，并在辽宁营口市进行了试点应用。1985 年在 BSM 的基础上，通过修正系统的评价标准和有关参数，采用适合我国条件的养护处治对策，开发建成了我国第一个 PMMS 系统[19]，并在江苏和福建等地使用。1986—1987 年先后引进了芬兰 FPMS 系统及世界银行 HDM-III 公路投资效益分析模型[20]，为我国的路面管理和公路设施资产管理研究奠定了基础。

"七五"期间在引进了一些国外的路面管理技术的基础上，经国家重点攻关项目研究，比如"干线公路路面评价养护系统成套技术"方面的研究之后，开始自主研发了一些国内干线公路路面的评价养护系统，也就是我们熟悉的 CPMS（China Pavement Management System）[21]。该系统包括路面状况检测技术、路面评价管理数据库技术、路面评价和预测技术、车辆费用预测技术、网级优化决策技术等，并形成了一套完整的具有实用价值和自主产权的综合路面管理技术。"八五"交通运输部重点科技推广项目"干线公路沥青路面管理系统（CPMS）全国推广应用"[22]，CBMS 列入交通运输部"通达计划"和国家经贸委、国家科委重点新技术推广项目，在全国省市分 3 期组织推广实施，各省市版本使用概况见表 1-1[23]。"九五"交通运输部重点项目"公路前方图像管理系统"和"九五"国家重点科技攻关项目"GIS 在公路设计中的应用"[24]。随着研究的深入，路面管理系统的经济分析技术、路面检测技术和数据库技术得到进一步的完善，CPMS 应用系统的适用性也得到不断的提高。中国国省道干线公路路面管理系统 CPMS2001（Version 2001）是由我国交通运输部经过很长一段时间的研究建立起来的第三代路面管理系统，这个系统的主要功能一般包括：自动化的数据检测、路面性能的评价和预测、养护方面的需求分析、投资效益的分析、养护资金方面的优化分配、养护计划的编制、日常方面的养护管理等，是进行公路信息化以及管理现代化方面的一个重要标志[25]。CPMS2001 分成高速公路以及一般公路两类，主要适合沥青、水泥两种路面的养护管理。

表 1-1　干线公路桥梁管理系统 CBMS 使用概况

地区	版本	地区	版本
北京	CBMS2000	重庆	CBMS-Win V4
福建	CBMS2000	山东	CBMS-Win V4
重庆	CBMS2000	广东	CBMS-Win V4
浙江	CBMS2000	云南	CBMS-Win V4
河北	CBMS2000	青海	CBMS-Win V4
四川	CBMS2000	宁夏	CBMS-Win V4
江西	CBMS2000	新疆	CBMS-V3
江苏	CBMS2000	上海	CBMS-V3
湖北	CBMS2000	河南	CBMS-V3
山西	CBMS2000	安徽	CBMS-V3

目前，国内已存在或开发的路面管理系统达 20 多种[26]。由于不同的省市对高速公路路面管理系统有不同的要求，因此系统组成差别很大[27]。根据我国路面管理系统研发的历程，可以大致分为三个阶段：第一阶段是路面信息管理系统，主体是路面数据库系统，在数据库基础上有路面使用性能评价、预测和决策子系统，系统功能和结构都较为简单。第二阶段初步形成了路面管理系统的构架，系统的决策方法既有经验性的，也有一些数学规划方法[28]，整个系统分析功能较弱，养护决策不尽合理。第三阶段是

网级路面管理系统的体系结构已经建成，主要包括路面性能评价、路面性能预测和养护决策三部分，但是对每一部分的模型没形成一致的认识，一些理论还需要深入研究，一些模型算法尚需进一步验证和改进，基于地理信息系统（GIS）的路面管理系统就是第三代养护管理系统的主要代表[29]。我国现阶段在高速公路的养护管理实践中真正正常使用的系统还比较少，即使配备了路面管理系统，由于各种原因也并未投入使用，由此可见我国路面管理系统计算机技术层次比较低，可视化水平不高，决策理论模型尚须进一步深入研究。

1.3 问题分析

国内外的高速公路公路施工质量、养护方式存在显著的差异，与国外相比国内高速公路养护管理还较落后，所以国内现行的公路养护管理系统并不能满足高速公路养护管理的需要。国内路面管理系统存在如下几个问题：

（1）缺少高速公路路面管理系统的实施、组织、管理与人才培养以及长期稳定的更新维护资金。以前高速公路的设计、施工和养护工作等缺乏系统的、科学的管理制度，基础数据和一些资料不完备，由于没有完备的历史数据，导致路面养护管理系统无法进行分析、评价。

（2）目前国内运行的路面管理系统不完全具备 GIS 功能，其结构和功能都较简单，而基于 GIS 系统为平台进行路面性能评价、预测和决策优化分析等较为薄弱，而这些功能是养护管理系统信息化关键技术之一。

（3）国内部分高速公路地理信息系统项目所依靠的电子地图的数据质量、精度标准和数据模型等方面的基础理论问题尚未得到解决。对地图数据特别是公路空间数据的来源、更新、维护、数据交换方式及数据管理方式没有规范的、统一的设计，缺乏空间数据交换、数据仓库的概念，开发的系统大多数也只是单机版，信息无法发布，系统也难以推广。

（4）公路部门应通过 WEB 技术向社会公众发布高速公路运行的相关信息，使高速公路用户随时了解和掌握行车的注意事宜，搭建社会公众与高速公路管理系统相互沟通的信息化平台。

（5）高速公路建成后缺少长期的、全面的路况检测，公路检测技术、数据管理技术、数据分析技术等现代化技术缺乏集成和系统性。分散在各个部门的采集数据（文本、图形、图像、声音等）要进行数据库统一管理，必须进行数据整合，才能满足应用要求。这些数据的采集、数据更新，处理投资非常大，而各部门的采集周期、数据格式不一致造成无法实现数据共享，导致数据重复采集，投资浪费。

（6）作为预算管理决策部门，整个路网的综合指标最为重要，但目前规范中的路面性能综合评价方法难以对不同地区的、复杂的路况性能作出符合实际的、客观的评价，因此针对路面使用性能评价和预测的模型理论问题有待深入研究。

（7）大规模复杂路网的管理策略优化需要解决的问题是在有限资金投入的情况下，使得路网效益目标最大化，针对传统数学规划优化方法运算效率较低而且无法适应大规模路网的决策优化，如何合理的将人工智能中的智能算法进行改进，运用形成新的决策模型，提高公路管理的效率和决策科学性，这也是路面管理系统智能化发展的新方向。

上述问题的出现，既有高速公路管理发展思路和宏观经济方面的因素，也有技术方面的因素。

第 2 章 高速公路路面管理系统设计

2.1 业务需求调研

2.1.1 现行养护管理体制

2.1.1.1 国内养护管理结构

国内高速公路的运营管理一般采用三级管理模式。高速管理机构设置如图 2-1 所示。

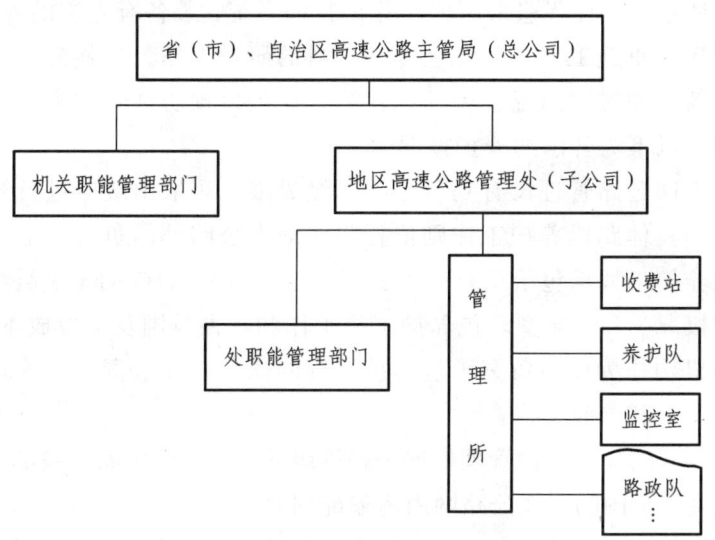

图 2-1 高速公路管理机构设置图

（1）各省（市）、自治区高速公路主管局（总公司）为第一级，负责对高速公路规划建设、资金使用、规范标准等实行宏观管理。下设与管理内容有关的职能处室（部），主持各项工作。总公司负责全线工程养护工作的统一领导与管理，主要职能部门为工程技术处。

（2）各地区高速公路管理处（子公司）为第二级，具体负责高速公路的各项运营管理工作。这一级管理机构一般针对某条具体路段设置。管理处除设有职能管理部门外，还有具体实施操作的管理单位。各管理处建立养护队，负责所辖路段的维修保养。

（3）路段所辖各管理所为第三级，这一级管理是最基层的管理单元，一般有收费站、监控室、通信站、养护工程队、服务区等[30]。

2.1.1.2 国外养护管理机制

国外发达国家的公路基本建设从20世纪60年代开始，各国公路从修建工作逐渐转向公路养护管理研究方面，公路养护所投入的资金已远远超过公路建设成本。由于早期养护管理做得好，有些发达国家的高速公路投入使用时间已经超过了40～50年。这些国家在公路养护管理方面已建成较为完善的体系，并且普遍采用公路养护管理系统，装备有先进的养护机械。国外养护还注重施工工艺和先进养护材料的研究工作，加强公路养护管理系统的更新。通过对路况实施动态检测，做到以预防性养护为主，延长了公路寿命。以下为各国的养护概况[31-32]：

（1）美国公路管理没有划分公路等级界限，采取由政府进行统一管理的方式，而具体路段养护工作则依托州或地方公路部门负责。地方公路管理机构将养护工程承包给私有养护公司，遵循AASHTO的《成员组织现场承包养护概况》和《典型承包养护工程工作和各种范围及单位成本》条例，公路管理机构作为业主负责承包养护工程的谈判，并负责监察养护施工合同的执行情况和验收工作。

（2）英国的公路养护管理根据公路等级的区别，由国家运输部和地方政府共同负责。全国的干线公路网由运输部划分为9个区，并将干线公路按照所经过县、郡、市分段，由当地政府作为养护代理，地方政府可以直接管理干线公路的养护工作。由于地方政府管理机构没有自己的施工队伍，养护工程的现场施工和路况检测，都是采取招标委托承包商或工程公司来完成。

（3）法国政府将高等级公路特许经营权通过立法授予公共事业机构持股的公司，并由国家规划控制高等级公路的建设、运营和养护工作。另外，法国设有专门的公路养护机械公司，并配置各种养护施工机械，这与其他国家是不同的。公司按照法国《道路、机械、维修基本章程》进行管理，公路养护机械公司采取合同方式与养护管理部门建立联系。

（4）德国公路养护基本采用机械化施工，每千米配置主要养护机械平均 0.15 台（辆）左右。公路养护部门一般都配有多功能检测车、桥梁检测车、路面清扫车、冬季综合养护车、涵洞清洗车、标志维修车等一些大型维修养护机械设备，养护机械化程度较高。

（5）日本公路的建设、运营和养护管理工作，是由日本道路公团负责，并不是政府直接组织实施的。公团负责公路养护管理，具体养护工作由其下属部门管理事务所进行。根据《道路公团法》的规定制定具体养护资金计划，再经政府建设大臣审批通过后执行。

通过以上的分析和对比，可以看出国外高等级公路养护管理可以归纳为社会化、法制化、市场化、专业化以及养护机械化等。因此我国高速公路的养护管理应博采众长，创造性地吸收国外先进的管理理念和方法。

2.1.2 养护管理发展趋势

目前，我国在公路运营管理中已建立了相应的养护管理体制以及进行高速公路养护的机构和公司，构成了多种养护体制并存的养护管理模式。由于各省的高速公路管理体制的管理方式、政策制定、财务核算存在差异性，因此相应的养护管理、养护计划及养护决策的方式和内容等区别较大，主要存在以下问题[33-34]：

（1）管养不分、责任不清。我国现行管理体制下，高速公路管理机构既是公路养护的管理机构，又是公路养护工程的执行者。存在权责混乱的现象，养护方案经常会发生矛盾，养护质量一旦出现问题，很难追究管养责任。管理机构由于职责交叉，面对具体问题经常出现互相推诿的情况。

（2）管理部门汇总统计工作繁重，数据处理工作量大。目前养护单位每月需要上报多种类型的报表——好路率汇总表、绿化报表、桥梁（涵洞）调查表计划完成报表、养护工程月度报表、单位年度报表、路况报表、交通量调查报表等。区县一级管理单位每月需要花费大量的时间来对这些报表进行审核与统计，一旦养护单位报表数据发生变化，管理单位又需重新进行统计。

（3）养护机构效益不高。随着养护工作的大幅增加，养护机构的人员需求不断增长，但养护人员的专业素质总体不高，养护队伍总体技术落后，特别是养护一线需求的技术管理人才匮乏。并且养护机构内部运行机制存在问题，导致养护工作成本高、效率低。

（4）路况检测及养护机械利用率低。目前，大多数高速公路养护单位配置了路况检测及养护机械设备，但是由于各地区的高速公路养护工作不均衡，导致一些大型养护机械设备闲置或利用率较低，无疑又增加了养护成本。

（5）养护维修工程缺乏系统的规划。一些管理机构是在高速公路已出现了病害或使用性能较差的情况下，才开始考虑制定养护维修计划。有些管理机构虽然不定期地进行路况检测与评价，但历史数量不足或数据可靠性差，另外道路使用性能评价预估系统不健全，无法制定寿命周期内养护费用最小的养护计划。科学的养护管理应该是建立在长期的性能检测和客观评价的基础上的，根据已有条件下优化决策，制定养护维修的计划和实施方案。

我国高速公路建设已经进入了飞速发展的黄金时期，随着时间的推移，投入运营的高速公路也将陆续进入全面养护期。伴随着高速公路交通量的日益增长，对高速公路养护管理的要求也将越来越高。面对当前高速公路养护管理现状，探索出一条高速公路养护管理持续发展的新思路已迫在眉睫，就目前而言，养护管理技术发展趋势如下：

（1）改变观念。在高速公路投入运营过后，养护需求随之到来，养护工作对高速公路的使用性能、使用寿命和运营效益都有直接影响。因此，要从重视高速公路建设轻视高速公路养护的观念，到高速公路建、管、养并重的思想转变，积极推进高速公路养护管理体制改革。

（2）利用 GIS-T 促进公路养护管理现代化。公路的各项性能与周围环境紧密联系，通过 GIS 平台将公路的各项要素与地理要素联系起来，既可以从电子地图上的路段查询到相应对象的数字、文档、图形、图像及视频信息，也可以由路段编号等标识信息查询得到其空间地理方面的信息。对于公路养护管理中的检测结果及调查得到的路面病害等动态信息，可运用可视化技术将数量庞大的数据拟合到地理要素上，得到直观的专题地图，可以直观的进行公路空间分析、缓冲区分析等，为公路养护管提供可视、准确的地理数据信息，为公路养护科学管理和决策提供依据。

（3）采用现代化检测技术提高公路检测效率。利用超声波、高精度传感器、GPS、雷达技术等高科技手段，实现由破损类检测向无损检测技术发展，由人工检测向自动化检测发展，从而为公路性能的评价和病害分析提供可靠依据，提高养护管理的效率。

（4）加强养护决策智能化。通过建立路面养护的评价、预测模型，以便更准确地掌握路面使用性能的变化，为养护工作提供客观的分析依据，从而作出更符合实际的公路养护决策；采用人工智能技术分析不同投资水平对路网状况的影响，为管理决策部门提供智能化的决策方法。

（5）推广使用公路养护适用的新技术、新材料、新工艺。一方面可以节约能源，降低公路养护成本；另一方面可以提高公路桥梁等建筑的稳定性和耐久性，大大延长了公路使用寿命，从而实现公路交通可持续发展的目标。

2.2 业务流程分析

根据现行高速公路管理体制，国内大多数高速公路养护管理业务流程为：日常巡查→养护评价→养护决策→养护计划→日常养护，业务流程可详细表述如图 2-2 所示。

与业务流程紧密联系的是高速公路管理数据流图，数据流图表达了数据和处理之间的关系，并可以描绘系统的逻辑模型，图 2-3 给出了高速公路管理从巡查数据采集到养护计划制定的数据处理流程。

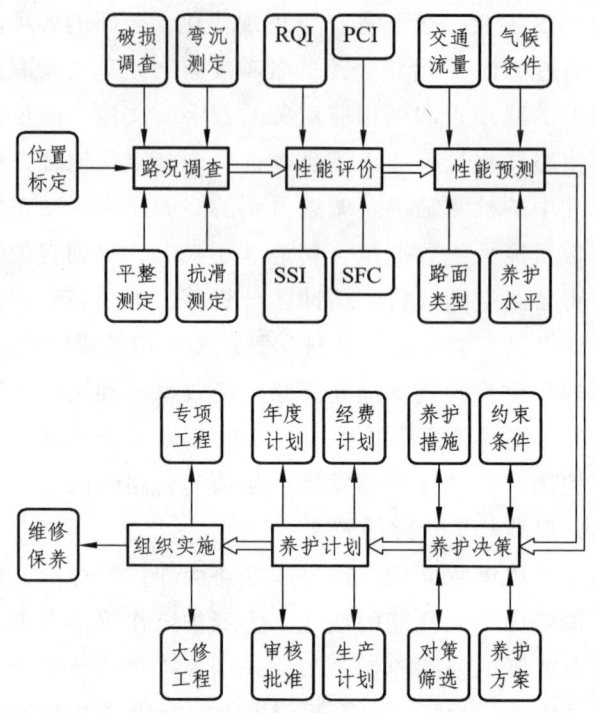

图 2-2　高速公路养护管理业务流程图

高速公路投入运营后，为保持高速公路及其附属设施的正常使用性能，须进行经常性、及时性和预防性的养护作业。

2.3　系统设计原则

通过对高速公路路面管理业务需求的分析，结合当今计算机技术的发展，系统设计应满足以下原则：

1）实用性

最大限度地满足高速公路管理部门对高速公路养护过程中业务数据采集、评价和科学决策管理的需求。具体要求：符合养护管理的工作流程、页面交互友好、操作起来比较方便、能够比较方便的进行维护、对数据的

第 2 章 高速公路路面管理系统设计

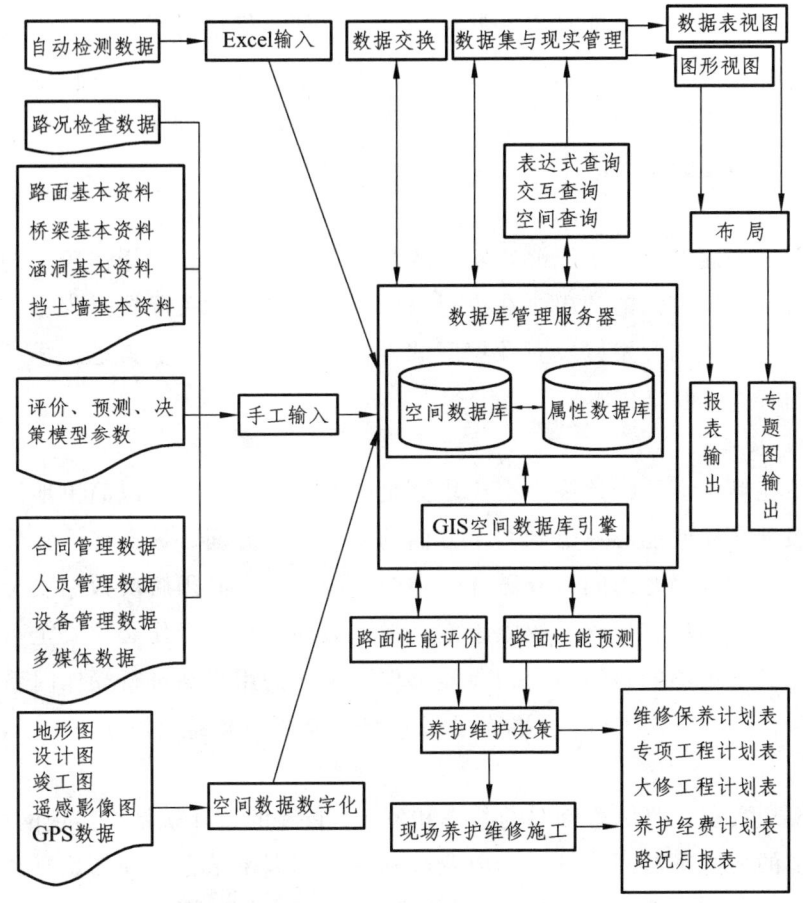

图 2-3 高速公路数据处理流程图

更新比较快捷以及较方便地进行系统升级，有着优化的系统结构以及完善的数据库系统，能够和其他的一些系统数据拥有共享的能力，对于日常管理中的报表，采用动态生成技术，使系统可以输出用户所需各种复杂形式的报表。

2) 先进性

各类高速公路检测数据是这个系统当中比较重要的一个基础，也是系统的生命力之源，数据内容的管理一般都是一个不断更新的相关过程，同时高速公路养护系统方面的研究和实践也还在不断深入，这就有必要要求这个系统的相关设计能够有一些超前性，以便更好地对系统的升级进行有效的处理。另外，信息技术与数据库技术发展非常快，系统设计应考虑软硬件技术发展的需要，使系统具有较强的扩展能力，确保系统能适应现代信息技术高速的发展。

3) 经济性

系统的建设有必要能够在实用的基础上达到经济化，用比较小的相对投入去取得比较大的产出。在进行硬件以及软件的相关配置过程中，要对系统进行有效的开发以及对数据库的设计进行一些相关的考虑，尽可能地去节约有关的经济成本。

4) 安全性

要能够保证系统始终具有比较充足的安全性控制，可以简单地说安全性一般都必须要能够考虑到两个方面的问题。一方面，数据要能够保证不被那些非法的黑客访问以及破坏，整个系统的安全必须解决数据安全性的问题，系统要具有足够的权限设定。另一方面，系统操作必须安全可靠，要始终具备足够的容错能力，要能够保证合法的用户在进行操作时系统不会出错，影响操作进行，要能够保证系统数据的逻辑绝对准确。

5) 网络化

要想实现道路信息资源的共享和发布，首要的条件就是要实现网络化，经内部的一些局域网、城域网以及国际互联网紧密结合实现信息资源的共享，方便发布。系统提供与其他相关部门或系统的数据接口，可以接收和共享其他系统的数据，并逐步实现数据的互联网发布和共享。

6) 可视化

系统提供丰富的图形（包括图表、图形、地图、符号等）实现可视化功能，直观地表达数据在空间上的分布和变化，并可相应的进行图形查询以及生成专题地图，提高速公路管理效率。

7) 决策智能化

系统提供对高速公路养护管理相关数据的统计、分析和可视化功能，实现多方面的分析、评价和预测，通过运用现代数学和人工智能技术，帮助管理者找到在有约束条件下的多目标的最优解集，实现辅助决策智能化。

2.4 系统功能设计

根据对系统的需求分析，现基于 GIS 平台将系统划分为 5 个子系统：数据管理子系统、评价预测子系统、统计查询系统、养护决策子系统、GIS 应用子系统。各子系统以 GIS 中的数据库为基础，形成了功能独立但内容相关的有机整体。这五个子系统具体实现功能如图 2-4 所示。

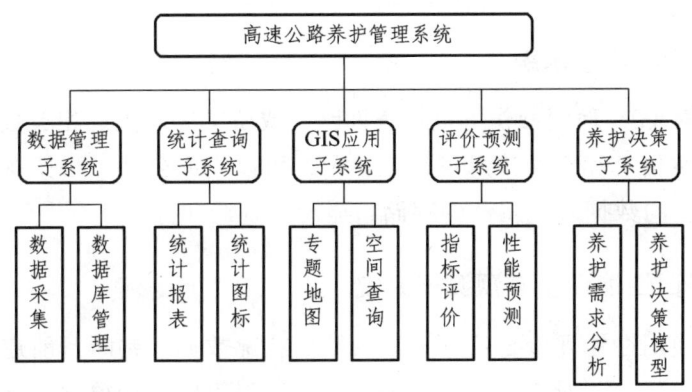

图 2-4　高速公路养护管理系统功能模块图

各子系统功能相对独立但内容有一定的相关性，现将子系统功能描述如下：

1. 数据管理子系统

数据管理子系统主要包括数据录入、删除、插入、更新、批量修改、查询修改、数据校验、数据备份和传输等功能。

（1）数据采集。数据采集包括地理空间数据采集和道路状况数据采集。空间数据通过地图数字化或测绘的手段采集完成；道路状况数据采用自动化设备采集和人工定期巡查相结合的方式采集完成。

（2）数据库管理。数据库管理的对象包括地理空间数据库、基础资料数据库、检测资料数据库等。地理空间数据库的管理包括道路空间数据的编辑、图形属性的挂接等；基础资料数据库存储道路的基础资料；检测资料数据库存储巡查记录、路面性能数据。数据采用手工录入和批处理导入相结合的方法进入系统。系统提供数据编辑和修改、数据备份和恢复等常规功能。

2. 统计查询子系统

统计查询功能为日常管理中常用功能，实现报表分类处理、统计结果输出和高级查询输出，实现图表输出结果与 Excel 电子表格嵌套，用户可动态地直接对图表进行修改。

3. GIS 应用子系统

通过对 GIS 地图操作可直接查询路段或桥梁等对象的相关数据资料，能够将属性信息和空间信息可视化显示，可以完成公路、桥梁等对象的地理特征即空间数据及其属性的存储、显示、查询和分析。

4. 路面性能评价与预测子系统

路面使用性能评价是依据采集的路面状况数据，判断目前道路状况是否满足交通要求，对于通过采集到的路况资料可以进行单项指标和综合等级评级或评分，所得结果将作为是否采取养护和改建措施以及采取何种措施的依据。

单靠路况数据和评价并不能比较各种对策方案，或保证得到最佳对策，因为它们无法告知某项对策后的效果究竟怎样。为此，需建立使用性能预估模型，建立某种状态的路面在采取某项养护或改建措施后路况的有关属性随时间或交通的变化关系。

5. 养护决策子系统

养护决策是路面养护管理系统的核心部分，路面养护决策以路面性能评价和预测为依据在路面性能达到某一标准时，考虑采用相应的养护资金预算和可行性方案。该系统可为高速公路管理决策部门有效地利用有限的养护资金提供建议，使高速公路路面处于最佳服务水平和产生最大经济效益。

2.5 系统结构设计

2.5.1 系统软件结构

系统设计是开发管理系统的关键环节，系统设计是在系统分析的基础上，根据所提出的逻辑模型，建立系统的物理模型。高速公路路面管理系统设计在全面考虑养护业务需求分析和功能模块设计的基础上，详细划分了系统的组成，并根据系统的逻辑结构，设计了系统软件结构，如图 2-5 所示。

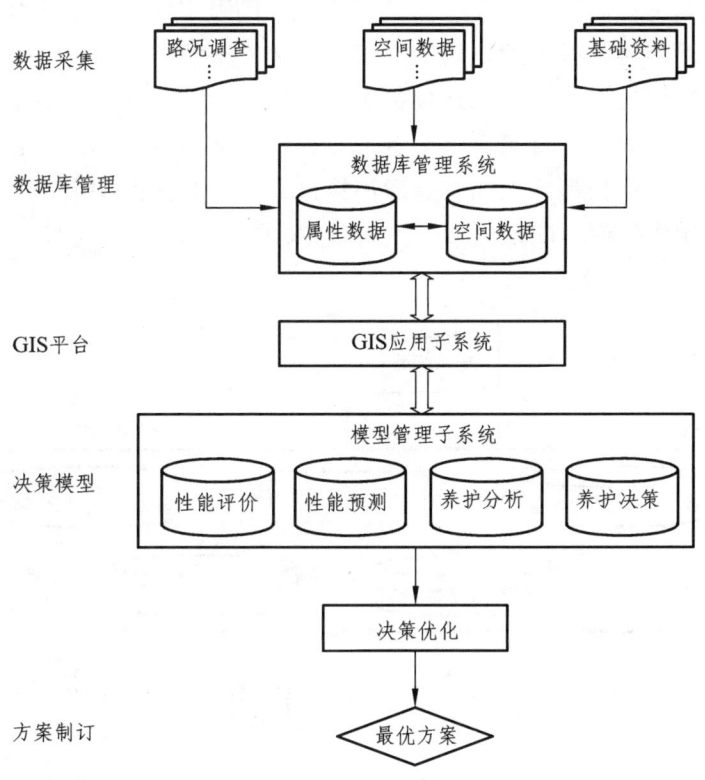

图 2-5 软件系统结构框架图

系统可以为用户提供交互的浏览界面，能够满足用户对地图查询操作的需要，系统管理人员具有特殊权限，可以进行远程控制或访问数据库等，能够保证信息的实时更新。管理人员通过系统可以进行相关路段的性能评价、路面性能预测和养护决策优化等，并通过GIS平台能够实现相关数据和养护决策的可视化操作，从而提高养护决策的工作效率。

根据目前不同的高速公路决策所需要的相关模型、定量指标、参数、标准和规范等数据，系统构建了公路养护模型库子系统。高速公路模型库由数据库（包含空间数据库和属性数据库）、路面性能评价模型库、路面性能预测模型库、决策优化模型库、模型库管理系统、模型字典等构成。模型库当中的一些模型将会从设计成为具有比较标准化的输入以及输出接口的库函数的形式，它基本包括了以下两个方面的主要内容：构建单一的通用模型的相关代码库，用来存储模型的执行代码；构建一个综合模型的模型单元（模型元数据）的代码库，用于存储模型的源代码。属性库以及索引库大多数都是以关系方式来进行相关的组织的，所以各个基本模型的一些单元模型之间有链接关系，前者一般都是存储模型字典，后者存储索引关键字等信息。模型库之间具有通用接口，可以对任何一个基础模型库进行访问和操作。模型库组成结构图如图2-6所示。

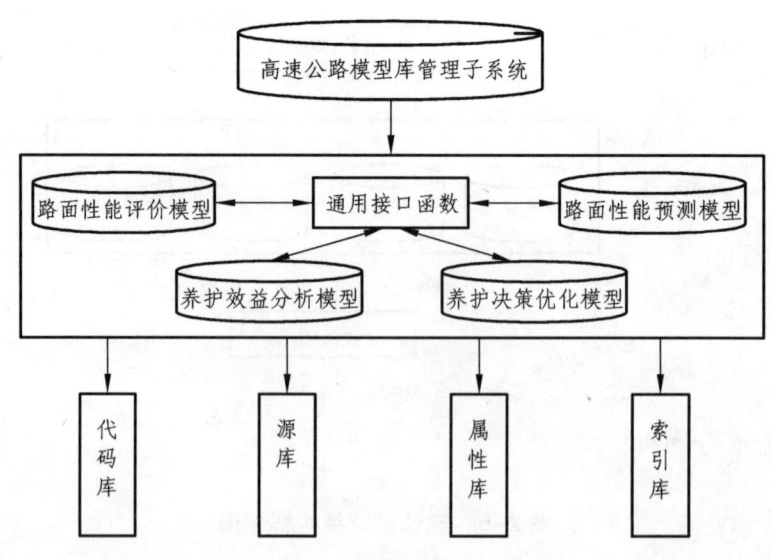

图 2-6　模型库组成结构图

从养护问题的长效解决角度来讲，大多数情况下都需要不同的互补模型的进行一种有效的集成，而不是采用一个相对单独的模型。所以在整个高速公路的养护模型库的所有子系统的研发过程当中，要能够及时地考虑以及详细的设计出那些模型库相关的模型的一些组合功能。其中含有以下几个内容：提供相关的模型库方面的维护操作，其中包括对于那些模型库进行相应的打开以及运行等功能；提供一些模型维护方面的操作，其中还含有模型的建立和更新等；提供与模型的操纵相关的一些功能，其中包括对模型的选择，以及模型运行和结果的相关显示、模型的集成等；提供与模型相关的分析与评价的相关功能。模型库管理功能结构如图2-7所示。

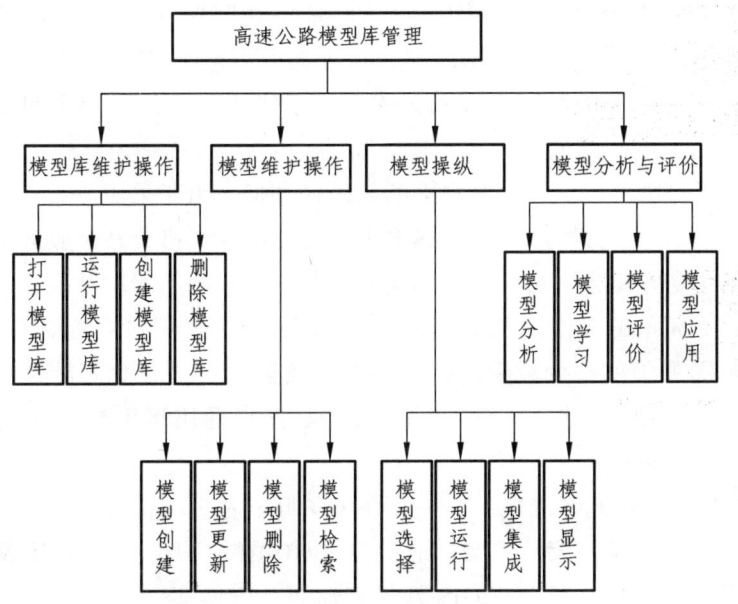

图 2-7　模型库功能结构

2.5.2　系统网络结构

地理信息系统（Geographical Information System，GIS）是一种采集、管理、分析、输出地理空间数据及其属性信息的计算机信息系统[35]。GIS从20世纪60年代以来，迅速发展，其应用十分广泛，逐步成为信息产业研发的主要方向。将 GIS 技术应用于高速公路的建设和养护管理中，是我国公路建设发展的一项首要的任务，也是推进公路现代化管理重要内容之一。

随着计算机技术和网络技术的普及，空间数据库的发展及其应用的不断拓广，地理信息系统开始出现新的技术特点和趋势，结合互联网技术的 WebGIS 就是其中之一。

WebGIS 是基于 Web 技术标准和通信协议的网络化 GIS，是 Web 技术和 GIS 技术结合的产物，是基于 Internet/Intranet 为用户提供分布式的空间信息和 GIS 服务功能的网络地理信息系统[36]。

和传统的地理信息系统相比较，WebGIS 具有五个特点[37]：

（1）比较广泛的访问范围内容。客户能够访问在 Internet 上的不同位置的服务器上的一些最新的数据内容，这极大地方便了 GIS 的数据管理，使分布式的多数据源的数据管理和集成更易于实现，从而为用户和数据发布者提供了一个更广阔的空间。

（2）平台独立性。不论客户端的软硬件如何，由于采用分布式系统，用户只要用 Web 浏览器访问 WebGIS 数据，就可以在本机或某个服务器上进行空间数据的动态组合、协同处理和实时分析，实现远程异构数据的共享。

（3）更简单的操作。要广泛的推广 GIS，让普通用户们接受 GIS 系统，而不单单局限于那些少数受过相关的专业培训的一些专业人员，还要能够降低对于那些系统操作的一些较高的要求，所以通用运用 Web 浏览器无疑是降低操作复杂度的最好选择。

（4）大规模降低系统成本。一般 GIS 在每个客户端都配备单机版的 GIS 专业软件，造成了较大的浪费。通常 WebGIS 在客户端只需使用 Web 浏览器，其系统成本与全套专业 GIS 软件相比要节省得多。

（5）平衡高效的计算负载。普通的 GIS 使用文件服务器结构的处理方式，效率较低。WebGIS 结构能够充分合理地去寻求那些计算负荷以及网络流量的相关负载，在那些服务器端以及客户端设计合理的分配方案，从而提高效率。

目前基于 Internet/Intranet 的 WebGIS 应用开发模型主要有两种类型：一种是基于 C（客户机）/S（服务器）的结构体系，另一种是在此基础上发展起来的 B（浏览器）/S（服务器）结构，体系结构由最开始的二层结构已发展到多层结构。

2.5.2.1 C/S 体系结构

C/S 结构，即 Client/Server（客户机/服务器）网络结构，是一种分布式系统结构，C/S 模式基于简单请求/应答协议，即客户端向服务器发出处理信息的请求，服务器端将收到的请求编译，根据信息的要求执行相应的程序操作，再将处理结果传递回客户端。C/S 模式的客户端需要安装专用的客户端软件，服务器一般采用高性能的 PC、工作站等，并采用大型关系数据库，如 SQL Server、Oracle 等。C/S 结构可以将任务需求合理地分配到客户端和服务器端，充分的利用两端硬件环境的优势。C/S 网络结构如图 2-8 所示。

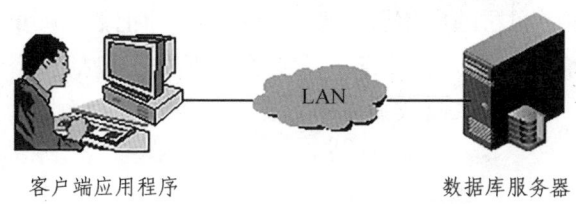

图 2-8 C/S 网络结构示意图

在 C/S 模式下，客户端有完整的应用程序，从而在出错提示和在线帮助方面都有较大的优势。C/S 模式的 GUI 界面是依赖于 Windows 的桌面应用程序，通过利用 Windows 的服务，在人机交互性方面快捷方便。另外，很多相关工作可以在客户端先进行处理，再提交给服务器执行。

在 C/S 模式下的 GIS，可用于局域网和安全性比较好的网络协议，是典型配对的点对点结构。它可以把整个系统的负担在 C/S 间进行适当的分配，在客户端运行应用程序符合实际应用多样性的需要，而对于整个系统的数据库则集中于服务器，便于数据库的维护。由于客户端能够与服务器直接的联接，响应速度就会加快，完全可以处理大量数据，例如图形数据的处理，C/S 结构既能保障数据的完整性和安全性，同时具有较强的数据处理和操纵能力。

根据高速公路管理体制和业务流程分析，高速公路路面管理涉及大量的检测数据以及模型计算，因此要求系统的交互能力较强，另外存在空间数据的大量分析以及空间图像的表现，结合高速公路路面管理的海量数据存储、计算和管理，还有诸多报表打印输出等的要求，使用 C/S 体系结构完全满足这些功能。省公路局与其各子部门联系通过 C/S 方式不断地与中心数据库交换信息，从而建成了系统主服务器和各个科室工作站联接而成的计算机局域网系统，有利于处理大量数据，提高了数据的存储和管理效率，可充分保证系统的安全性、可重组性和可扩展性。

2.5.2.2　B/S 体系结构

B/S（Browser/Server）模式结构即浏览器和服务器结构。B/S 模式是在 C/S 模式的基础上发展起来的，此模式大大简化了客户端的应用软件，把浏览器当成客户端运行的一个最终平台，将那些应用程序相关的开发、维护及更新都完全放在中间层的应用服务器的上面，另外把数据库的相关管理以及维护都在数据库服务器上面进行，从而能够形成了包括三个结构体系的结构，即客户层、中间层以及数据库服务器[78]。B/S 模式结构如图 2-9 所示。

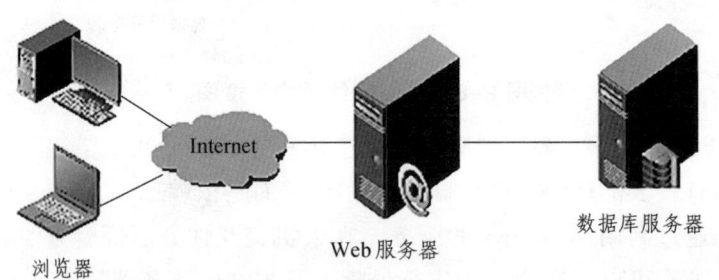

图 2-9　B/S 网络结构示意图

B/S 模式的优点首先在于减轻了客户端的开发，它不用像 C/S 模式在不同的客户机上安装客户应用程序，使用通用的浏览器软件即可，客户端维护成本大为降低。由于开发环境相对独立于用户的前台应用环境，设计开发人员只需将精力集中在 Web 服务器与数据库后台的应用，这样提高了系统应用的跨平台性，用户界面友好性和一致性比较好；另外便于用户群的扩展与变化，以及应用系统的管理和软件的安装和升级。B/S 模式适用于网上信息的及时发布。

高速公路管理部门除了主要面向公路管理部门应用，同时向广大公众提供信息共享功能。不仅提供高速公路信息服务，为用户提供查询、检索等服务，如发布全省公路路况信息、公路附属设施信息、有关的政策法规条例等，还可以为公路管理局专业人员提供移动办公的数据信息服务，采用B/S体系结构可以较好满足这些功能。B/S体系结构是基于Internet技术，利用已有的网络基础设施，为用户提供局域网、广域网和无线网络等多种访问途径，并通过该平台提高现在高速公路的管理水平，提升综合服务能力，同时还为事故分析、灾害应急处理、路政服务等应用提供数据接口，为其他相关部门的决策提供强有力的支持。

2.5.2.3 基于混合模式的公路WebGIS结构

在分析了系统的功能及其业务需求之后，针对高速公路路面管理系统设计中，我们使用Client/Server与Browser/Server相结合的混合网络模式结构体系。C/S和B/S的混合模式的网络将内网、外网以物理逻辑隔离，外部用户不能直接访问数据库服务器，保证了养护管理数据库的安全性（B/S模式）；另外养护管理部门内部用户的交互性较强，可以进行数据查询和编辑速度快（C/S模式）。养护管理系统模块功能根据其特点可用两种不同模式设计，系统共用一个管理数据库，两种不同模式的融合组成了具有很高使用价值的WebGIS应用系统。

高速公路路面管理系统混合模式网络结构如图2-10所示。针对人机交互界面复杂、保密性和安全性要求高、数据库操作和输入输出为主、含有

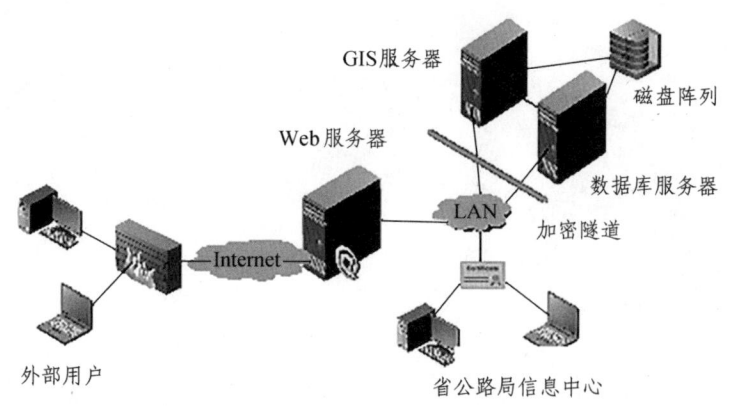

图2-10 混合模式的公路WebGIS结构

复杂的表格输入和输出和利用复杂的决策模型计算的模块,采用传统的 C/S 网络结构,这样所有的数据都保存在服务器上,能够有效提高系统的利用率和使用效率;而对于那些通过浏览器提交和下载各种数据,以信息检索查询为主的部分,则采用 B/S 结构。两种网络结构的结合,一方面可以提高管理效率;另一方面还充分利用了 Intranet/Internet 的优势,可实现各种应用的需求。

2.6 本章小结

(1) 从国内外高速公路养护管理模式和机构设置调查与分析入手,总结了国内在高速公路管理中存在的问题,以及今后管理技术的发展趋势。

(2) 通过对高速公路养护工作流程进行调查,根据高速公路养护管理体制,详细描述了管理部门的操作业务流程和高速公路管理数据流程。

(3) 根据路面管理需求分析,提出了高速公路路面管理系统应具有的相对独立功能,在此基础上,从系统整体开发的角度设计路面管理系统的总体框架结构和系统的网络架构方式,为路面管理系统的开发实现和系统部署方案奠定基础。

第3章 基于GIS的高速公路数据库

路面管理系统是以现代管理科学理论为指导，采用计算机和道路工程等技术进行路面养护评价、预测和决策的系统。高速公路路面管理系统要求建立在道路真实信息的基础上，构建以多种数据为支承的综合数据库，并通过GIS的数据组织方式使公路数据库提供图形化信息和空间分析信息的能力，这样才能满足高速公路管理信息化和现代化的要求。

3.1 数据需求分析

在路面养护管理中经常使用的数据有以下几种：

（1）公路基本数据：主要指设计和施工的数据，如路线名称、道路等级、几何参数、路面结构材料类型、路面各层次的厚度、路基土类型、设计弯沉、建成年月、绿化、行政区划等。

（2）路面的检测数据：路面弯沉数据（包括测点桩号、实测弯沉等）及其统计分析信息、横向力系数及其统计分析信息、平整度数据及其统计分析信息等。

（3）路面巡查数据：坑槽、松散、壅包、翻浆、沉陷、泛油、车辙、龟裂、网裂、波浪与搓板、横坡不适、平整度差、修补损坏等。

（4）模型参数数据：主要包括路面使用性能评价、预测和决策的模型、参数、标准和规范等数据。

（5）养护计划维修信息：养护费用计划数据（养护费用来源、分项养护费用支出等）、维修保养计划数据、专项工程计划数据、大修工程计划数据、灾害性预防及抢修工程计划数据等。

（6）公路坐标数据：GPS、全站仪等病害采集测量数据、纸质扫描地图等。

在公路 GIS 中，根据地理实体描述信息的不同，公路管理的相关信息可分为属性数据和空间数据。在公路数据库中如何进行空间数据和属性数据的组织和管理是 GIS 应用开发的一个基本而关键的问题，采用什么样的数据模型，对于路面管理系统与公路数据库的结合有着重要的影响。

3.1.1 空间数据

空间数据（spatial data），或称地理参照数据，是指用来描述空间实体的位置、形状、大小及其分布特征诸多方面信息的数据[35]。空间数据是一种用点、线、面以及实体等基本空间数据结构来表示现实世界目标的数据。空间数据可以用来描述来自现实世界的具体目标，它具有定位、定性、时间和空间关系等特性。定位是指在已知的坐标系里空间目标都具有唯一的空间位置；定性是指有关空间目标的自然属性，它取决于目标的地理位置；时间是指空间目标是随时间的变化，空间关系的表达通常用拓扑关系表示。

空间数据包括很多领域，主要有地形图、遥感影像和摄影测量等，这些不同的数据要整合在统一数据库中，就必须依靠 GIS 技术。所以空间数据是地理信息系统的重要对象，GIS 只有在对空间数据的操作的基础上，才能进行空间分析和缓冲分析等操作。

在路面管理系统中，由于公路的特殊空间位置特性，我们经常会提到公路所在位置和名称、长度、路况等。因此采用公路空间数据表征公路的具体地理位置及其相关的地理要素之间的联系尤为重要。

3.1.2 属性数据

属性数据（Attribute data）是指描述地理实体质量和数量特征的数据，

可以分为由某个非数字型特征区分的不同类别的数据，属性数据表现了空间实体的空间属性以外的其他属性特征，属性数据主要是对空间数据的说明。

公路属性数据主要包括描述公路路况特性的数据和相关公路附属设施的数据等。对于公路属性数据在电子地图上的定位，可以采用数字化的方法在制作电子地图时完成；也可以利用已知属性数据的地理属性对其相关数据进行地理化，动态地生成新的图层并对其进行数据分析，即形成公路属性数据与空间数据的动态连接。

根据公路属性数据是否随时间变化而发生变化，可分为静态数据（Static Data）和动态数据（Dynamice Data）两类。

静态属性数据一般都是指进行储存的数据都保持了比较稳定的特征，一次进行采集或者进行输入后，除了一些特殊的情况之外都会基本上保持不变。公路的一些基础数据内容可作为静态数据储存，例如：路线的名称、编码、行政区划、道路等级、几何参数、路面结构、路面类型和所属政区养管单位等。

动态属性数据大多数是动态变化的，它指要求依照路况检测的不断变化而定期的予以更新相关的数据。缘于那些路况数据都是时时刻刻的在发生着相应的变化，因此这些数据的采集就会具有一定的周期性特征，所以公路的检测数据、采取的养护措施、养护时间及养护费用等可作为动态数据，例如各路段的路面病害数据，路面平整度，路面弯沉，路面抗滑，交通量数据，处治历史数据等。

3.2 路面管理数据采集

路面管理决策依赖于大量的采集数据，尤其原始数据采集的质量会直接影响到养护决策措施。根据数据采集方式的不同，数据采集可分为内业和外业数据采集，并按照数据类别进行填表、计算、检查、校核等。

3.2.1 外业数据

高速公路由于具有车速快，车流量大等特征，对一些高速公路的路面的使用性能就会提出一个比较高的要求。为了能够确切地掌握相关的路面状况、路面的损坏情况及其原因，制定合理的养护计划，就必须定期对路面使用性能进行调查，采集路面状况的有关数据。

路面状况对驾驶安全和适应程度都有较大影响，路面使用性能一般包括功能性能、安全性能、结构性能等方面，它们相互之间既有区别又有一定的联系。路面上的的功能性能一般是指为了给道路使用人提供的一个比较舒适行车氛围，它基本上反映了路面的行驶的质量特征以及服务水平。路面的安全性能主要指路面表面的抗滑能力。路面相关的结构性能一般都是指路面的物理状况和路面的结构完好的程度。所以路面状况外业检测主要包括路面平整度检测、路面破损检测、路面弯沉检测、路面抗滑能力检测以及病害的坐标采集等。

3.2.1.1 平整度测定

路面平整度，一般是指道路表面能够使行驶车辆经常出现振动的高程变化[81]。路面平整度是衡量路面使用性能的一项重要指标。那些平整度不太好的道路一般会影响乘车的舒适性，从而会使汽车速度降低，使车辆零部件不断被损坏、增加了车辆运营的成本，而且在那些不平整的道路上行车，会导致车辆产生的冲击荷载加剧路面更加的不平整，从而使路面破损更加严重。

在《公路技术状况评定标准》（JTG H20—2007）中，道路平整度的检测指标是采用世界银行指定的国际平整度指数 IRI（International Roughness Index），然后采用 IRI 计算路面行驶质量指数（RQI）。

国际平整度指数（IRI）被定义为：模拟 1/4 车载在 80 km/h 速度下，车身悬挂总位移与行驶距离之比（单位 m/km）。世界银行同时还发布了通过路面纵断面高程数据计算 IRI 的标准计算程序。IRI 作为道路平整度检测的标准尺度已经被世界各国广泛采用，这主要是缘于 IRI 指标具有以下特点：

（1）IRI 代表的是纵断面各点高层偏差的统计值，具有时间和空间的稳定性。

（2）IRI 与道路平整度检测设备都具有良好的相关性，便于把不同设备的测试结果之间进行 IRI 转换和标定。

路面平整度检测根据测试方法和设备类别大体可分为断面类平整度测定、反应类平整度测定和主观评估法三种。

断面类检测是测定路面的相关凹凸情况的重要内容，可以得到与路表相关的实际纵断面情况，经过相关的数学分析之后能够以综合统计量来确定其平整度指标值。断面类平整度检测的主要方法有 3 m 直尺、水准测量、连续式平整度仪、激光路面平整度测试仪。激光路面平整度测试仪，是一种与路面无接触的测试仪器，由前后两组激光器发射和接受激光，利用其差值计量。

反应类道路平整度检测设备是通过安装在车体上的传感装置测量车辆以一定速度驶过不平整路面时悬挂系统的动态反应（竖向位移、竖向加速度等），以此来间接度量路面的平整程度。反应类平整度测定采用的主要设备有车载式颠簸累积仪、BPR 平整度仪、PCA 仪、MAYS 仪、RRDAS 平整度仪等。

3.2.1.2 路面破损检测

路面破损状况是路面结构的承载能力和物理状况的综合反映，引起路面破损的原因一般有交通、荷载、环境等方面因素。路面损坏状况经常采用损坏类型、严重程度和损坏范围三方面来描述，路面破损主要分为两类：功能性破损和结构性破损。功能性破损是路面所提供道路行车的相对服务能力开始不断地下降，使路面的平整度降低，出现了较大的车辙痕迹。一般情况下，那些结构性破损都是路面上的各个结构层的承载能力都出现降低所导致的，基本上都综合反映在表面上，称之为裂缝。我国现行的规范《公路技术状况评定标准》(JTG H20—2007) 根据对沥青路面使用性能的影响，破损模式分为 3 大类型，各类损坏所包含的内容详见表 3-1。

表 3-1 沥青路面破损了类型及分级标准

破损类型		分级	外观描述	分级指标	计量单位
裂缝类	龟裂	轻	初期龟裂，缝细，无散落，裂区无变形裂块明显，缝较宽，	块度：20~50 cm	m²
		中	无或轻散落或轻度变形裂块破碎，缝宽，散落重，变形明显，亟待修	块度：<20 cm	
		重		块度：<20 cm	

续 表

破损类型		分级	外观描述	分级指标	计量单位
	不规则裂缝	轻	缝细，不散落或轻度散落，块度大宽，散落，裂块小	块度：>100 cm	m²
		重		块度：50~100 cm	
	纵裂	轻	缝壁无散落或轻微散落，无或少支缝缝壁散落重，支缝多	缝宽：≤5 mm	m²
		重		缝宽：>5 mm	
	横裂	轻	缝壁无散落或轻微散落，无或少支缝缝壁散落重，支缝多	缝宽：≤5 mm	m²
		重		缝宽：>5 mm	
松散类	坑槽	轻	坑浅，面积较小<1 m²	坑深：≤25 mm	m²
		重	坑深，面积较大>1 m²	坑深：>25 mm	
	松散	轻	细集料散失，路面磨损，路表粗麻粗集料散失，多量微坑，表面剥落		m²
		重			
变形类	沉陷	轻	深度浅，行车无明显不适感深度深，行车明显颠簸不适	深度：≤25 mm	m²
		重		深度：>25 mm	
	车辙	轻	变形较浅	深度：≤25 mm	m²
		重	变形较深	深度：>25 mm	
	波浪壅包	轻	波峰、波谷高差小	高差：≤25 mm	m²
		重	波峰、波谷高差大	高差：>25 mm	
	泛油		路表呈现沥青膜，发亮，镜面，有轮印		m²
	修补不良				m²

由于路面破损所表现出来的形态和特征是多样的，而破损的原因也是多样的，因此路面破损检测在整个路面检测中是难度和误差最大的一项。《公路技术状况评定标准》(JTG H20—2007)规定：路面损坏状况检测，宜采用

自动化的快速检测方法，当条件不具备时也可以采用人工检测方法。人工检测，是指在封闭或不封闭交通的情况下，按照规定的损坏分类和识别方法，采用目测和简单工具丈量的方式，人工记录各种路面损害的类型、严重程度和数量（长度或面积）。有条件的地区，还可以借助便携式路况数据采集仪（RCR）进行现场记录、汇总、计算和评定。在路面损坏自动化监测领域，目前基于摄影、摄像和模式识别技术的图像检测方法应用最为广泛。

3.2.1.3 路面弯沉检测

道路表面在荷载作用下的弯沉值，可以反映路面结构的承载能力。弯沉值是指在荷载作用下，路基或路面发生凹陷，当荷载撤走后发生反弹，在加载前后路基或路面顶面产生的回弹变形量[38]。路面弯沉是表示路面结构强度的重要指标。

路面弯沉测定一般可分为无破损试验和破损实验：

（1）破损类测定属于直接测定方法，即从路面各结构内钻取试件，在实验室内进行物理-力学试验，确定各项计算参数，由此计算出结构的承载能力。其特点是数值准确可靠，但成本高、测点少并且对路面影响大。

（2）无破损类测定属于间接测定方法，即在不破损路面结构的前提下，通过路表弯沉测定估算路面的结构承载能力。该方法对路面基本上无破损，且测点多、代表性强，相对成本要低。

根据检测时施加荷载方式的不同，路面弯沉检测一般分为为静态弯沉和动态弯沉检测。静态弯沉检测常用的仪器是自动弯沉仪和贝克曼梁弯沉仪，静态弯沉根据峰值数据采集方式的不同又分为回弹弯沉和总弯沉。我国路面设计和养护标准所使用的弯沉指标为静态回弹弯沉。动态弯沉检测主要采用的仪器有稳态弯沉仪、脉冲弯沉仪和落锤式弯沉仪（Falling Weight Deflectometer，FWD）。落锤式弯沉仪是目前公认的路面弯沉测试和结构性能评价的理想工具，但由于我国设计和养护技术规范基于回弹弯沉值，因此落锤式弯沉仪在使用时必须与贝克曼梁进行对比试验。通过上述方法对路面弯沉进行检测，根据路面的设计弯沉和实测代表弯沉之比得到路面结构强度系数SSI，就可以计算出路面结构强度指数PSSI。

3.2.1.4 路面抗滑性能检测

路面抗滑性能直接影响公路行车的安全性。路面的抗滑性能一般指某些车辆的轮胎受到相应的制动时，与路面的表面产生一些相应的抗滑力，大多数情况下是通过测定道路表面的摩擦系数来确定。路面摩擦系数是路面提供防止车辆轮胎滑动和减小制动距离能力的表征。根据摩阻力检测方式的不同，摩擦系数分为制动力系数和横向力系数两种。制动力系数只能表明车辆制动距离的长短，而横向力系数不仅能够体现车辆制动距离的长短，还能够表征路面防止车辆侧滑的能力。

目前世界各国有多种路面抗滑性能的检测方法，根据测试的相对方式的区别来进行划分，可以划分为：测定相应的摩擦系数的直接法、测定相应的路面微观构造与宏观构造的间接法。在多数情况下，测试指标也能够分为直接指标和间接指标两个大的类别，路面抗滑性能检测方法如图3-1所示。

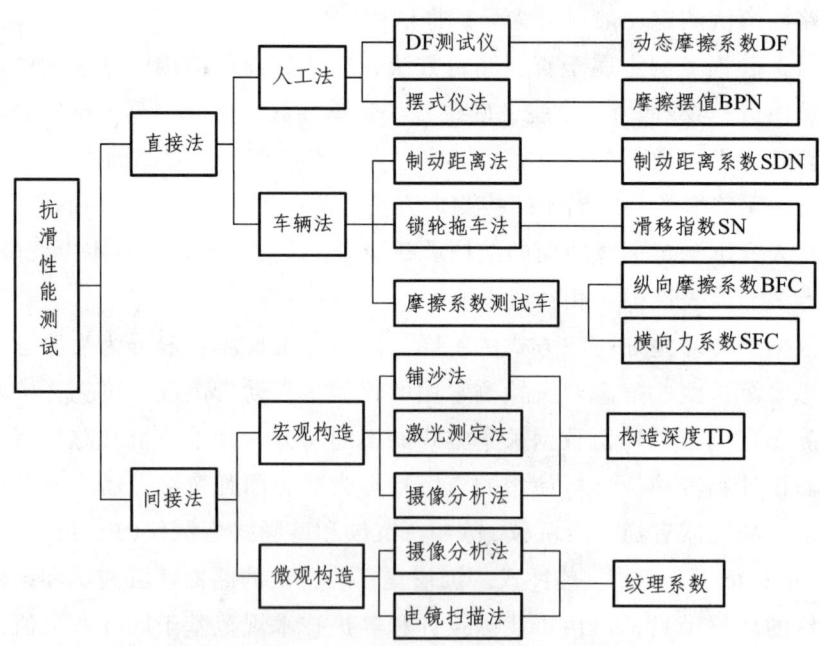

图 3-1 路面抗滑性能检测方法

目前国内使用的横向力系数检测系统主要有英式装备和国产装备两种。国内交通部公路科学研究院研制开发的横向力系数测试车（RiCs），它由承载车辆、横向力测试装置、供水装置和主控制系统组成。横向力系数测试车（RiCs）能够对路面进行长距离连续测试，测速最高可达 80 km/h，系统对横向力系数数据进行高密度（5 m、10 m 和 20 m 间距）采集，检测结果可以直接导入路面管理系统数据库。

《公路技术状况评定标准》(JTG H20—2007)建议采用横向力摩擦系数 SFC（Side-way Force Coefficient）作为检测指标，并通过 SFC 计算路面抗滑性能指数（SRI）。

3.2.1.5 病害的 GPS 坐标采集

在以上路况数据检测的同时还应该进行相应的 GPS 坐标定位，这样才能使路况信息与 GIS 中的电子地图匹配，就可以实现 GIS 的双向查询功能：一是在信息查询中显示所查信息的地理位置；二是根据具体的地理位置从图中获取路段的属性数据。

为了便于现场数据采集可以将 PDA 掌上电脑和 CF 卡式 GPS 相结合使用，它集 GPS 坐标定位、跟踪、数据采集，以及专项表格填写为一体。利用掌上电脑中的专业软件进行路线调查和 GPS 追踪，在路线调查中，遇到路段信息改变时，可以输入或修改相应路段信息。图 3-2 为 PDA 软件的操作界面。

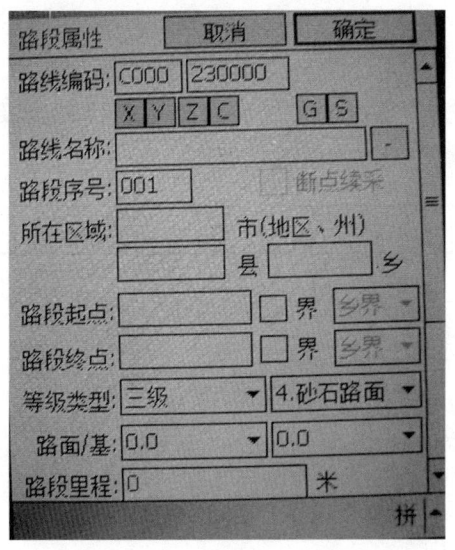

图 3-2　PDA 采集数据的操作界面

3.2.2 内业数据

在路面管理系统的数据库设计中,要实现养护分析和决策的功能,就必须将路段的检测数据与该路网的道路技术等级、行政管理、路面类型等属性数据通过 GIS 应用平台进行连接。道路技术等级、行政管理、路面类型在一定时期内是相对固定的,因此为了保证检测数据与路网数据之间的对应,建立道路网数据库,可以在检测前进行以上内业数据的组织录入。路面管理的内业数据重点内容包括:路线的编码、政区的编码、区间的编码、路段的编码、养护单位的编码、路面技术资料、路基结构类型、维修历史等。为了编码的规范标准化,这些编码格式一律按照《公路路线命名编号和编码规则》等相关国家规定进行统一编码。

3.2.2.1 路线编码

路线编码基本上包含了路线所有的路面对应的基本信息,其中还包括了:路线的相关编号、路线的名称特征、路线的不同性质、起(讫)点对应的桩号、路线的长度区间以及路线的走向特征。

1. 路线编号

路线编号采用国标《公路路线命名编号和编码规则》。路线编号一般是四位字符,一般情况下是由一位公路管理等级代码以及三位数字来共同组成的。例如:兰渝线的路线编号如下所示。

G	2	1	2

其中:G——国道;
　　　S——省道;
　　　X——县道;
　　　Y——乡公路。

2. 路线名称

路线名称是指国道、省道、县道等各级不同道路的名称。由路线起讫的地名加连接符"-"组成。起讫点的地名可用首位汉字或简称表示,但必须保证系统内的路线名称不重复。

3. 起(讫)点桩号、路线长度

起点桩号和终点桩号均采用公路的里程桩号表示,单位用 km 表示。路线长度一般为路线终点与路线起点的桩号差。在检测中,将 GPS 实际测量值与其相应的里程桩号对应。

3.2.2.2 政区编码

政区编码用于路网所在地区的行政区划。政区编码及政区名称根据国家标准《中华人民共和国行政区划代码》确定,编码采用的一般都是六位字符,前两位是一般都是省代码,中间的两位一般都是地区代码,后面的两位一般都是县代码,如下所示为四川省成都市郫县政区编码:

5	1	0	1	2	4
省代码		地区代码		县代码	

3.2.2.3 管养单位编码

管养单位编码是根据《公路管理养护单位代码编制规则》制定的,一般都是8位字符,前2位一般是管养单位的分类代码(表3-2);后6位一

表 3-2 管理养护单位分类代码

代码	单位分类	代码	单位分类
11	省级公路管理局	23	地(市)级高速公路管理所
12	直辖市公路管理处	24	地(市)级高等级公路管理所
13	省级高速公路管理局	31	县(市、旗)级公路管理段
14	省级高等级公路管理局	32	县(市)辖公路管理站
15	计划单列市公路管理处	33	县(市)级高速公路管理站
21	地(市、州、盟)级公路管理总段	34	县(市)级高等级公路管理站
22	地(市)公路管理处		

般是管养单位所在地的政区编号以及地区编号,例如为省、自治区、直辖市级管养单位,就可以取政区编号。

3.2.2.4 区间编码

区间编号一般是六位字符,前四位一般是用区间所在路线的相关编码,后两位一般是表示区间编码的。一条路线划分为若干个区间,每个区包含一些相同的属性。区间编码数据对应的文件大多数情况下都记录了区间内有关的公路的大概情况,比如说:区间的编号、起点对应的桩号、终点对应的桩号、区间的整个长度、路线的名称特征、路线的基本性质、路面的基本宽度、行车道的基本宽度、路肩的基本宽度、政区的编码、管养单位编码、技术等级的分类、路面的相关类型、车道的类型特征等,区间编码表如下所示:

G	2	1	2	1	1
路线编码				区间编码	

3.2.2.5 路段编码

路段编码使用路线编码与路段所在行政区进行统一编码。路段编码可以集中地运用 8 位字符表示,在这 8 位字符当中,前 4 位一般是路线编码,第 5、6 位一般是区间编码,第 7、8 位一般是路段编码。路段编码的相关数据含有:路段的相关编号、路段的起(讫)点的相关桩号、路段的对应长度、车道的有关类型、行车道宽度、路面类型的概况、路面宽度、技术等级、路基宽度、路肩宽度等,路段编码如下所示:

G	2	1	2	1	1	0	5
路线编码				区间编码		路段编码	

在路段编码中注意两个问题:一是路段分段的原则,路段不可划分过细;二是路段起(讫)点遇到连接、穿越、相交情况的编码命名。

3.2.2.6 路面技术资料

路面技术资料包括公路技术等级和面层结构类型。公路技术等级编码采用国家标准，编码采用 1 位字符。面层结构类型的对应编码一般情况下都包括面层的结构编号、面层的结构类型以及面层结构的厚度等。

3.2.2.7 路基结构类型

路基结构类型编码包括路基结构编号、路基结构类型和路基结构厚度。

3.2.2.8 维修历史数据

维修历史数据库以路段为单位记录每个路段的修建及处理历史数据。

3.3 公路数据库的设计

公路数据库是路面管理系统的基础和核心，公路数据库又是公路部门数据信息的集散地，做好公路数据库建设是公路数据库管理系统、公路养护管理系统、业务办公自动化系统、公路信息网络发布系统整个集成应用协调高效运行的关键。

数据库是管理系统架构的核心，数据库设计就是根据用户的信息和数据库的硬件、软件环境，设计出数据模式，以及相应的应用程序[39]。整个数据库的设计过程不只是在系统设计阶段独立完成，它融合在系统调查、系统分析、系统实施各个阶段之中。

公路数据库系统的设计可划分为如图 3-3 所示几个阶段。

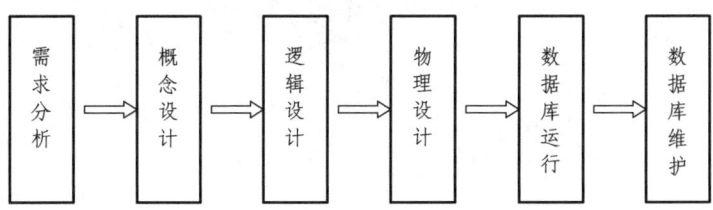

图 3-3 公路数据库系统设计过程

1. 需求分析阶段

需求分析阶段要能够准确把握用户的需求，针对养护管理用户的需求（包括数据需求和处理需求）进行认真的分析和处理。需求分析的结果必须整理成需求说明，其中要确认公路数据库中应包含的数据及其特性。用户本身的需求是不断变化的，系统的需求必须不断调整，使之与变化相一致。

2. 概念设计阶段

概念结构的设计就是将用户需求抽象为概念模型的过程。概念模型是不依赖任何具体机器的信息结构，通过这种模型可以非常直观地描述数据及其相互的关系。建立概念数据模型常采用的工具是实体关系图 E-R（Entity-Relationship）图。下面结合需求分析给出路面管理系统数据库中的部分 E-R 图，如图 3-4 路面性能评价 E-R 图、图 3-5 路面性能预测 E-R 图和图 3-6 养护决策 E-R 图所示。

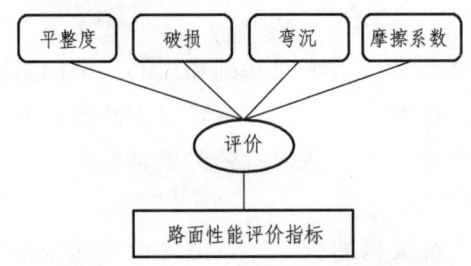

图 3-4 路面性能评价 E-R 图

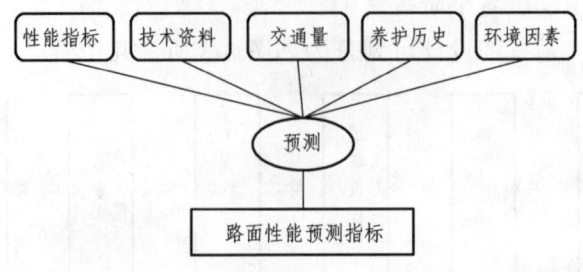

图 3-5 路面性能预测 E-R 图

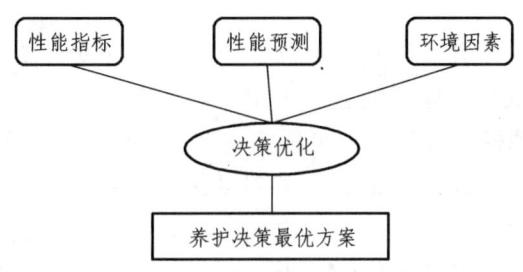

图 3-6　养护决策 E-R 图

3. 逻辑设计阶段

逻辑结构的设计就是将概念模型转化为某个具体的 DBMS 所支持的数据模型，从而最终确定基本数据结构，路面养护管理系统数据库应该存储路面检测数据、路面管养信息、路面基本信息等的数据。

4. 物理设计阶段

数据库的物理设计，是指对于设计好的逻辑数据模型，选择最符合应用环境要求的物理结构。它是数据库在物理设备上的存储结构和存取方法的设计，如：存储位置，存储空间的划分等。

5. 数据库运行和维护阶段

数据库应用系统经过试运行的检验与各项性能测试，方可正式投入使用。在数据库的运行阶段，需要定期对数据库进行维护包括：数据库的备份与恢复、数据库的调整和修改等。

3.3.1　空间数据库的设计

高速公路除了其几何形状、结构、性能和其他特性的属性信息，也有表征公路空间位置的空间属性信息。道路数据的地理特征与道路维修信息应当实现对属性数据和空间数据的定位处理，这样的评价，预测和决策之间的地理信息和相互关系得到考虑，而传统的数据库系统很难对其进行直观性操作。

为了对公路数据进行准确的定位管理，必须建立一个功能齐全、自适应的数据库管理系统。地理信息系统作为决策支持系统，它基于地理空间数据库，采用地理模型分析，并可以实现多种空间和动态信息的管理。

空间数据库（Spatial Database）是对某区域内关于一定地理要素特征的空间数据合理存放的一个集合[40]。空间数据是指在二维、三维或更高维空间坐标和表示该空间对象的形状、大小和分布等方面的信息，空间数据的管理是建立在空间关系基础上的。空间数据可以大致分为点、线、面和其他类型的目标。空间数据是多方面的，不仅要表达空间对象的属性信息，还要存储空间目标的几何信息和对象之间的关系（相邻、相交、包含等）。此外，空间数据操作，如：几何运算（旋转和转化等）和空间操作（交集，包含等）具有较高的复杂性，这些数据操作与空间对象之间的空间关系位置有关。这使得传统的数据库系统的设计不能够有效地表达、存储、管理和检索多维的空间数据。

3.3.1.1 空间数据获取

公路空间数据获取方式有多种途径，空间数据的来源见表 3-3。建立空间数据库的基础工作先将现有的纸质地形图、实地测量成果、航拍照片、遥感图像数据等转换成数字形式，再进行数据验证、修改、编辑等处理，确保数据在内容和逻辑上的一致性，然后再添加到数据库。不同的数据来源需要进行数据格式转换和处理，才能成为 GIS 可以识别和处理的数据。

表 3-3 空间数据的来源

数据分类	原始数据	转换方式	录入方式
数字化数据	GPS 测量数据、遥感数字图像数据	软件格式转化	直接录入
非数字化数据	纸制地图、航空相片	数字化仪、扫描数字化	手工录入

GPS 测量提供了坐标数据，包括经度、纬度、高度、速度等信息。其中经度和纬度数据是 WGS-84 坐标体系下的，而在我国的测绘系统中普遍使用的却是西安 80 坐标系。如果要使用 GPS 数据，就必须把 GPS 的 WGS-84 坐

标体系数据转换成西安 80 坐标体系的数据。GPS 外业测量数据在录入空间数据库之前，还需要进行数据格式的转换，GPS 数据录入流程如图 3-7 所示。

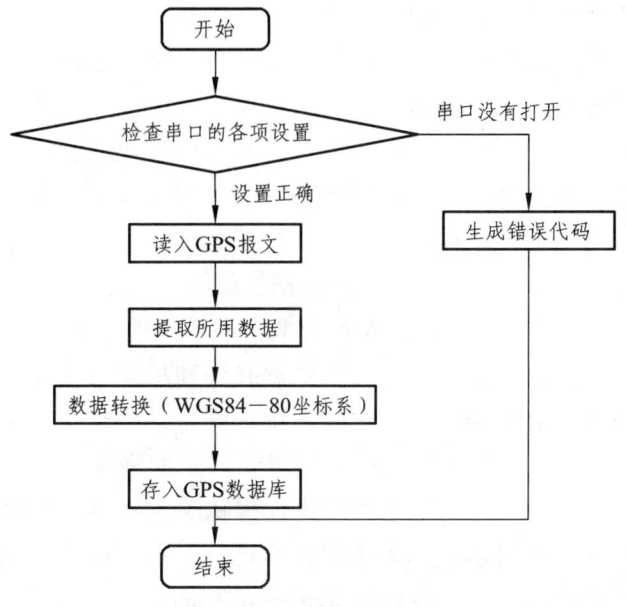

图 3-7　GPS 测量数据录入流程

地理信息系统的图像数据是空间数据的重要组成部分，图像数据采集数字化的方法包括：扫描数字化和手扶跟踪数字化。扫描的好坏直接影响到后期的矢量化工作的质量和精度，所以一般要求原来的纸质图纸应清晰可辨，特别是矢量的内容应易于分辨。扫描仪可以直接将地形图、航拍照片和卫星照片等扫描到计算机中，再用矢量化生成图像矢量数据。数字化仪就是将图纸转换成数字信息，然后传输到计算机，通过基于矢量方法的基础上，取得图纸数据的设备。利用手扶跟踪数字化仪可以输入图纸中的点地物、线地物以及多边形边界的坐标。

3.3.1.2　空间数据管理

数据管理的目的是设计数据库管理系统中存储和检索数据的基本结构。目前数据库主要有网络、层次、关系、对象等几种类型，GIS 数据从数据管理的角度可分为以文本数值型的属性数据和包括矢量格式和栅格格式的空间数据。这两类数据在空间数据库设计时应进行良好的结合以发挥出各自的优势。从已应用的 GIS 系统中可以看到，空间数据的管理模式可以分为以下几种情况：

（1）文件型，即图形数据和属性数据都是通过一定格式的文件进行组织，图形要素和属性记录之间通过关键字段进行关联，这种结构简单，实现技术相对简单。但是，当数据量大时，数据管理效率和信息利用效率受到限制，更新困难；另一方面不利于多用户协同工作，以文件方式组织数据一般对数据的安全性没有特别高的要求。

（2）混合型，利用文件管理空间数据，使用通用数据库管理属性数据，克服了属性数据管理的效率、安全性与共享问题，提高了系统效率。然而，混合型管理方式采用数据分块存储，数据查询和检索的效率较低，当有大数据量的数据分析时数据库更新比较困难，同时这种方式还是以文本形式进行空间数据管理，无法解决文本结构型模式的本质性缺陷。

（3）关系型，近几年由于关系数据库提供了大数据段存储方式以后，空间数据和属性数据可以采用关系数据库进行管理。这种应用可以在桌面的系统出现，也可在大型的客户机/服务器形式的系统中出现。

关系数据库是建立在关系模型的基础之上的，它的基本组成是表，每个表由列（表字段）、行（表记录）组成，一个数据库则由许多个表组成，这些表之间采用一定的关系组织连接。文件系统与关系型数据库管理系统数据管理性能对比见表 3-4。

表 3-4　文件系统与关系型系统数据管理性能对比

性　　能	文件系统	大型关系型数据库管理系统
易掌握性	容易	困难
成本	低	高
检索能力	无	有
数据安全管理	困难	容易实现
数据完整性检查	困难	容易实现
并发控制	困难	容易实现
数据共享	困难	容易实现
对空间数据及属性数据的一体化管理	难以实现	容易实现
与操作系统的集成性	无关	紧密相关

（4）面向对象型，面向对象的定义是指无论怎样复杂的事例都可以准确地由一个对象表示。每个对象都是包含了数据集和操作集的实体，面向对象的模型具有封装性的特点。

从几何方面划分，GIS 的各种地物可抽象为：点状地物、线状地物、面状地物以及由它们混合组成的复杂地物。每一种几何地物又可能由一些更简单的几何图形元素构成。例如，一个面状地物是由周边弧段和中间面域组成，弧段又涉及结点和中间点坐标。或者说，结点的坐标传播给弧段，弧段聚集成线状地物或面状地物，简单地物组成复杂地物。GIS 中面向对象的几何数据模型如图 3-8 所示。

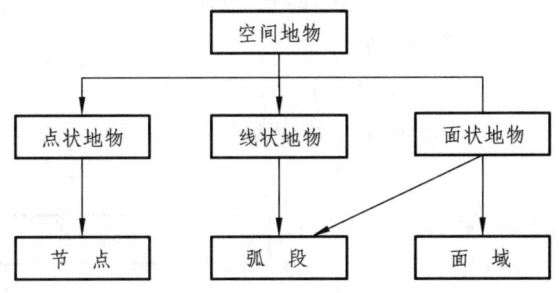

图 3-8　面向对象的几何数据模型

（5）对象关系型，空间数据和普通的二维列表数据是截然不同的，其具有空间实体的复杂性及特殊性，直接采用关系数据库管理系统管理空间数据的效率不高。对象关系数据库系统（ORDBMS）采用用户定义的函数和索引方法，方便了数据库中用户定义数据类型的定义、存储、检索和处理。对象关系数据库(ORDBMS)不仅能够处理用空间对象数据类型表示的空间信息，也能够处理使用空间索引方法和函数存取或操作的空间信息。对象关系数据库系统应用最广泛的有 OracleSpatial、Informix；还有一些系统应用是 GIS 软件商自行开发的，其通过空间数据库引擎进行管理海量的空间数据，常见的有 ESRI 公司的 ArcSDE 和 MapInfo 公司的 Spatial Ware 等。

由于仅依靠商用数据库管理系统不能实现对空间数据的管理，从而无法满足路面管理系统数据库的需求，根据 ESRI 的 ArcSDE 空间数据库体系结构所能实现的功能，通过空间数据引擎的开放接口 API 管理空间数据，可以实现空间数据的维护和集中式高效管理。

GIS 空间数据管理的需求不仅仅是一个大型数据库，地理信息系统需要能够同时访问多种格式的文件、多个数据库以及多种网络信息，ESRI 的 ArcSDE 的空间数据库引擎可以帮助用户满足这个地理信息系统的需要。ArcSDE 对应的体系结构比较的灵活，用户能够自由的选择不同的 DBMS 来管理存储空间的相关数据，可方便地使用 SQL Server、Oracle 等其他数据库的访问。

基于 ArcSDE 的多层架构，存储层（DBMS）执行数据存储和提取，而高端的数据整合和处理功能来自应用层（ArcGIS），空间数据库引擎 ArcSDE 实现了地理信息系统和数据库管理系统的完美结合。空间数据管理职责是利用 GIS 软件和共享的数据库管理系统软件。一些空间数据管理的功能，如磁盘的相关存储、相关的查询处理、属性的类型定义以及多用户情况下的事务处理，一般都是由 DBMS 来进行完成的；有些 DBMS 的引擎本身也基本上扩展了那些空间数据的连接支持，他们基本上具有索引以及搜索的相关功能。

ArcSDE 能够使用 DBMS 所提供的标准的 SQL 来存储数据和管理数据，并且能够支持全部的空间数据的相关类型（其中包括拓扑、网络、要素、栅格、表格数据等），而无需用户考虑 DBMS 的底层实现。基于 ArcSDE 技术的空间数据库管理模型如图 3-9 所示。

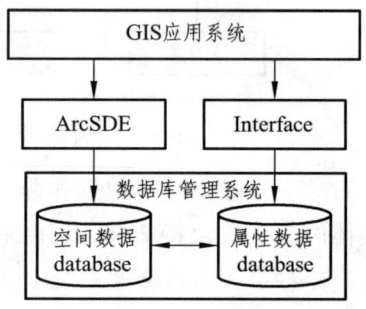

图 3-9　基于 ArcSDE 技术的空间数据库管理

3.3.1.3　空间图层划分

地理信息系统中空间数据是分层管理并进行存储的，图层一般情况下都是用来存储那些具有相同以及相似特征的一些事物对象集内容的，有些点、线、面（或称区域）一般都是地球表层的事物对象的一个基本的特征，也就是空间数据中的三个方面的基本要素特征。不一样的图层一般会含有各不相同的地理对象内容，比如说点、线、多边形以及标注。那些地理信息系统的相关空间特征大多数情况下是由一些包含了相关的地图对象的不同图层所共同构成。目前，公路 GIS 中的各种空间数据主要是以层来分别存储和组织，或者根据相关的数据代表的一些专题性质来组成层，随后可以依照层来不断地组织数据，从而进行一些记录方面的查询、检索和分析等方面的工作。

公路一般都具有典型的地理空间中的一些线性方面的特征，要能够充分的说明公路的这种空间的一些特征，同时还要求可以描述与那些密切相关的其他一些地理要素特征，这样就可以准确地对公路的空间位置进行描述。在公路路面管理系统当中，那些桥梁、隧道、涵洞等虽然是具有相应的实体特征，不过相对于整条路线来讲，可以抽象为点对象进行描述；那些具有线性特征的各级公路和铁路等相关的路段以及沿线河流能够用线对象来进行相关的描述；城镇以及行政区等能够由面对象来进行相关的描述。

点对象：桥梁、涵洞等。

线对象：高速公路以及国、省、县乡道和河流等。

面对像：行政区划等。

在高速公路路面管理系统中把空间数据分为点、线、面三种对象类型来存储、管理，采用多层次结构对空间数据进行组织，在系统中综合地图是一个地图图层的集合，图层集合是由图层对象 Layer 组成的。用户可以通过 Layers 的方法和属性来增加或删除图层集合中的图层对象。图层对象是由对象、属性和类型组成的集合，每个图层对象在图层集合中都是独立的，其中图层中的对象包括：线型、符号、文本和区域。系统根据实际需求中不同地物的特征，大致划分了 14 个图层（表 3-5），用户通过设置对象的属性可以修改图层中的对象类型、属性信息。

表 3-5 系统图层划分

图层对象	对象类型	图层属性
桥梁	点对象	桥梁名称、桩号、类型等
涵洞	点对象	涵洞结构、桩号等
收费站	点对象	名称、归属单位等
加油站	点对象	位置、名称等

续表

图层对象	对象类型	图层属性
养护道班	点对象	名称、位置、归属单位等
高程点	点对象	点号、坐标、高程值等
高速公路	线对象	路线名称、技术资料、路面状况等
国道	线对象	路线名称、技术资料、路面状况等
省道	线对象	路线名称、技术资料、路面状况等
县乡道	线对象	路线名称、技术资料、路面状况等
河流	线对象	名称、类型等
铁路	线对象	路线名称、技术资料、路面状况等
行政区划	面对像	地区名称、面积、区域划分等
居民聚集地	面对像	名称、归属区划等

3.3.2 属性数据库的设计

3.3.2.1 属性数据分类

通过对高速公路管理单位的组织、各部门的联系、有关事务和活动进行全面了解，收集大量的数据载体（如报表、统计文件格式等）及数据调查表，确定高速公路养护管理涉及的属性数据通常有：

（1）道路的基本资料：路线名称、路段名称、起点桩号、终点桩号、路面结构材料及类型、上面层的材料及厚度、中面层的材料及厚度、下面层的材料及厚度、基层的材料及厚度、底基层的材料及厚度、设计弯沉、路面宽度、路面厚度、建成年月、修建单位等。

（2）桥梁的基本资料：所属的路线编码、所属的路线名称、所属的路线等级、桥梁编码、桥梁名称、桥位桩号、功能类型、下穿通道名称、下穿通道桩号、设计荷载、通行载重、弯斜坡度、桥面铺装、管养单位、建成年月、桥长、桥面总宽、车行道宽、桥面标高、桥下净高、桥上净高、引道总宽、引道路面宽、引道线性、上部构造（包括孔号、形式、跨径及材料）、下部构造（包括墩台号、形式、材料及基础形式）、伸缩缝类型、支座形式、抗震烈度等级、桥台护坡、护墩体、调治构造、常水位、设计水位、历史洪水位、档案资料（包括设计图纸、设计文件、施工文件、竣工文件、验收文件、行政文件、定期检查报告、特殊检查报告、历次维修资料、档案号、存档处、建档年月）、最近技术状况评定（包括检查年月、定期或特殊检查类型、全桥评定等级、桥台与基础、桥墩与基础、地基冲刷、上部结构、支座、经常保养小修、处治对策、下次检查年份）、修建工程记录（施工日期、修建类别、修建原因、工程范围、工程费用、经费来源、质量评定、建设单位、设计单位、施工单位等）、桥梁照片、立面照、桥面正面照等。

（3）检测数据信息：道路的弯沉数据（包括测点桩号、实测弯沉、代表弯沉等）及其统计分析信息、横向力系数及其统计分析信息、平整度数据及其统计分析信息等。

（4）巡查数据信息：路面巡查数据（包括了坑槽、松散、壅包、翻浆、沉陷、泛油、车辙、龟裂、网裂、纵裂、横裂、波浪与搓板、横坡不适、平整度差、修补损坏）、路基巡查数据（路肩不清洁、路肩不整齐、边沟淤塞、边坡坍塌、构造物损坏）、桥梁巡查数据（桥头跳车、桥面排水不良、构部件破损）、涵洞通道（涵顶通道两头跳车、涵顶通道排水不良、结构部位破损）、安全设施（标志缺损、防撞护栏隔离栅破损、标线不完整、标志反光效果差、照明缺损、护栏线型不畅、护栏污染严重）、绿化巡查数据（空白路段、一般护管不善、严重护管不善）、沿线设施（防落网破损、结构物破损、紧急电话破损、收费岛部件破损）。

（5）桥梁的检查数据信息：桥梁日常检查数据、桥梁定期检查数据、桥梁特殊检查数据。

（6）养护年度计划信息：养护费用计划数据（养护费用的来源、养护工程费的支出、线外工程养护补贴费的支出、养护其他费用的支出等）、日常养护计划数据、专项工程计划数据、大修工程计划数据、灾害性预防及抢修工程计划数据、高速公路养护优良率指标计划和完好率指标计划数据、绿化计划数据、其他计划数据（主要材料、机具、劳保用品计划）等。

（7）养护维修信息：里程桩号、维修时间、维修项目、维修结果等。

（8）日常管理信息：人员管理信息（姓名、年龄、性别、学历、专业、职称、岗位等）、合同管理信息（合同编号、合同名称、项目内容、签约单位、签约时间、合同期、总价、累计支付）、设备管理信息等。

3.3.2.2 逻辑结构设计

经过以上的数据分类，可以确定具体的数据库结构，就高速公路路面管理系统而言，系统属性数据库包括路面基本信息数据、路面检测数据、路面巡查数据和养护信息数据等。表 3-10 至表 3-16 描述了系统属性数据库的逻辑结构设计表。类型 Char 表示该字段为字符型；Varchar 表示该字段为变长的字符型；Real 表示该字段为实数型；Int 表示该字段为整数型；括弧中的数字为系统中字符建议长度。

1. 路面基本信息

路面基本信息包括路段管养范围数据表和路面基本资料数据表的信息。路段管养范围数据表存储各管理处管辖的路段范围，包括高速公路双向的路段管理信息数据，见表 3-6。

表 3-6 路段管养范围数据表

字段名	描述	类型及长度
Lxmc	路线名称	Char（14）
Sdm	路段名	Char（6）
Qdzh1	起点桩号	Char（10）
Zdzh1	终点桩号	Char（10）
Qdzh2	反向起点桩号	Char（10）
Zdzh2	反向终点桩号	Char（10）

路面基本资料包括面层结构、基层结构、设计弯沉、路面宽度等信息，见表 3-11。其中面层结构、基层结构在数据输入时应可以选择类别，如面层结构在输入时应可选沥青混凝土路面和水泥混凝土路面。

表 3-7 路面基本资料数据表

字段名	描述	类型及长度
Lxmc	路线名称	Char（14）
Sdm	路段名	Char（6）
Qdzh	起点桩号	Char（10）
Zdzh	终点桩号	Char（10）
Lmjglx	路面结构类型	Char（10）
Smc	上面层	Char（25）
Zmc	中面层	Char（25）
Xmc	下面层	Char（25）
Jc	基层	Char（25）
Djc	底基层	Char（25）
Lmkd	路面宽度	Real
Lmhd	路面厚度	Real
Sjwc	设计弯沉	Real
Jcny	建成年月	Char（6）
Bz	备注	Text

2. 路面检测数据表

该表一般情况下包括路面相关的平整度数据表、路面弯沉数据表、路面横向力数据表等内容。高速公路一般每年进行一至两次定期检查。其中弯沉、平整度和抗滑能力通过自动检测设备自动检测。路面平整度检测数据用国际平整度 IRI 表示，其数据结构见表 3-8。

表 3-8 平整度检测数据表

字段名	描述	类型及长度
Lxmc	路线名称	Char（14）
Sdm	路段名	Char（6）
Qdzh1	起点桩号	Char（10）
Zdzh1	终点桩号	Char（10）
Dcsj	调查时间	Char（8）
IRI	IRI 值	Real
Cd	车道	Char（10）

弯沉检测数据和抗滑能力检测数据与平整度检测数据类似，只要把字段名 IRI 改成相应的 FWD（弯沉）和 SFC（横向力系数）。

3. 路面巡查数据表

高速公路路面巡查数据表有日巡查数据表、夜巡查数据表、特殊巡查数据表。日巡查检查项目包括：沥青路面、混凝土路面、路基、桥梁、涵洞、安全设施、绿化和附属设施。其中对路面的检查是重中之重，它记录了各路段的路面破损情况，如裂缝、车辙等。在日巡查数据输入时对应每种缺陷项目，系统应出现相应病害名称以供选择；例如检查路基时，病害名称应包括路肩不清洁、路肩不整齐、边沟淤塞和边坡坍塌等。日巡查数据表结构见表 3-9。

表 3-9　日巡查数据表

字段名	描述	类型及长度
Lxmc	路线名称	Char（14）
Sdm	路段名	Char（6）
Lczh	里程桩号	Char（10）
Xcsj	巡查时间	Char（8）
Xs	巡查小时	Char（4）
Tq	天气	Char（12）
Jlr	记录人	Char（8）
Qxxm	缺陷项目	Char（10）
Qhmc	病害名称	Char（20）
Dw	单位	Char（6）
Sl	数量	Real（4）
Jb	级别	Char（4）
Sm	说明	Char（255）
Wxbz	维修备注	Char（100）

夜巡查记录表主要检查标志、标线等在夜间的工作情况，特殊巡查是指在自然灾害或异常情况发生后 24 小时内对高速公路进行的检查，检查内容与日常巡查检查内容一致。

4. 路面养护相关信息

路面养护相关信息包括养护计划数据表、养护维修记录数据表、养护计划完成数据表的信息。养护计划数据表包括对路基、路面、桥梁、涵洞和通道、交通安全设施、沿线设施和绿化七大项制定年度和月份的计划，数据结构见表3-10。

表3-10 养护计划数量表

字段名	描述	类型及长度
Lxmc	路线名称	Char（14）
Sdm	路段名	Char（6）
Sj	时间	Char（6）
Zbbh	指标标号	Char（5）
Dj	单价	Real
Gcl	工程量	Real
Bz	备注	Text

路面养护维修记录数据表记录每次养护工作具体信息，见表3-11。

表3-11 路面养护维修记录数据表

字段名	描述	类型及长度
Lxmc	路线名称	Char（14）
Sdm	路段名	Char（6）
Lczh	里程桩号	Char（10）
Xcd	行车道	Char（2）
Ccd	超车道	Char（2）
Tcd	停车道	Char（2）
Wxrq	维修日期	Char（20）
Bhmc	病害名称	Varchar（20）
Mjhcd	面积或长度	Real
Wxkssj	维修开始时间	Char（8）
Wxjssj	维修结束时间	Char（8）
Xblx	修补类型	Char（8）
Xbff	修补方法	Char（8）
Wfwcyy	当日无法完成原因	Varchar（255）

续　表

字段名	描述	类型及长度
Zlpj	质量评价	Char（4）
Rg	人工	Real
Sm	主要情况说明	Text
Jlr	记录人	Char（8）

养护计划完成数据表记录各月完成计划的数据信息，数据结构见表3-12所示。

表 3-12　养护计划完成数据表

字段名	描述	类型及长度
Lxmc	路线名称	Char（14）
Sdm	市段名	Char（6）
Sj	时间	Char（6）
Zbbh	指标标号	Char（5）
Bywc	本月完成工程量	Real

3.3.3　公路空间数据与属性数据的关联

在 GIS 系统中，空间数据与属性数据一般采用分离组织存储的方法存储，以增强整个系统数据处理的灵活性。然而，地理数据处理又要求对区域数据进行综合性处理，其中包括空间数据与属性数据的综合性处理。因此，空间数据与属性数据的连接也是很重要的。

公路具有空间地理分布的线性特征，线状特征是以弧段为基本单位进行存储和管理的，有关公路的一些非空间信息（属性数据）是以里程桩为参照系来进行相应的采集的。一般来说，在与线性对象相关的 GIS 系统中，线性对象的分段类型主要有以下 3 种：

（1）等长分段法是将线性对象预先划分成等长的小段，线性对象的属性数据的采集均按这些小段进行。属性数据可根据用户标识码与相应的图形数据建立一一对应关系，并在地图上予以表示。采用固定等长分段法后，其属性数据的分辨率（详细程度）不会超过所划分的小段。要想获得较为满意的结果，就必须将线段划分得足够细。

（2）变长分段法大多数情况下是依照线性对象的不同属性变化的起、止点进行分段组织相关数据的。该法数据的相应冗余量比较小，相应的数据维护更加容易。但是，这种方法需要重复存储按照不同属性划分的路段的空间位置造成空间数据的重复存储，而且对同一道路的空间位置重复输入，增加了空间数据的冗余量。

（3）动态分段（Dynamic Segmentation）最早是由美国威斯康星州交通厅的戴维·弗莱特在1987年提出的[41]。动态分段法是GIS中一种对线性特征的属性进行动态分析显示的技术，其根据线性对象具有不同的属性，并按照某种度量标准对线形要素进行相应的位置划分。动态分段法由网络重叠的概念产生的，该方法是在拓扑图形上设计路线系统，属性数据看做事件，储存在事件表中。每种属性信息的起终点偏距都记录在事件表中，根据偏距就可以对路线进行分割和图形显示，实际上没有对图形进行分段。ESRI公司也从ArcGIS 8.0开始提供了Event Renderer对象来实现动态分段功能。

对于高速公路路面管理系统，依据GIS平台软件的一些相关的要求来及时地构建公路空间和属性数据库内容，它们之间的相互关联能够经动态分段来予以实现，这些具体步骤大概如下[42]：

（1）构建一个相对独立于属性数据组织之外的公路空间数据库：把每条的公路按照比较精确的参照点来进行逐个分段，分段的长度根据系统精度要求确定，把每段都当成是一条弧段的数字化内容。精确参照点一般情况下是指公路地图上的那些能够精确标出来他们在公路里程当中的参照点，也就是所说的里程桩号。

（2）构建公路空间数据库的属性内容：公路属性表和空间数据内容之间具有一一对应的关系特征。属性表经常可以称之为段属性表（Section Table），我们在该属性表当中添加下列的一些字段，比如路线代码、起点的里程范围、止点的里程范围、起点的百分比以及止点百分比。其中的一些路线代码是用来表示一条公路的编码；起点里程与止点里程大多数情况下分别可以表示为公路的起点、终点桩号；一般来说，起点百分比与止点百分比用来表示路段的走向。

（3）组织相关的属性数据：在属性数据库当中，除了可以包含关于公路属性的相关数据库之外，还含有 3 个特殊字段，即路线代码、起点里程以及止点里程，这些内容分别表示一条属性记录所能够对应的公路路线的代码和他们在公路上的相应位置。公路动态分段技术的示意图如图 3-10 所示。

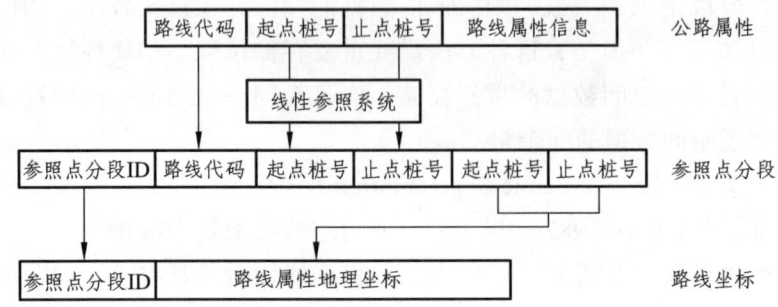

图 3-10　动态分段技术分解示意图

高速公路路面管理系统数据既包括公路空间数据也包含属性数据，由于公路有关的属性数据，一般都具有多重性，其所对应的路段变化点的里程也都是各不相同的，他们一般都是随着属性数据的变化而不断变化的。对于空间数据与属性数据之间的连接问题，部分属性也可以通过指定的关联字段来实现关联，更多的是通过动态分段技术来解决，通过两种关联方式的结合可有效地提高系统查询速度。

3.4　GIS 系统的功能实现

1. 权限管理

GIS 系统对不同用户拥有不同编辑权限，如图 3-11 所示。

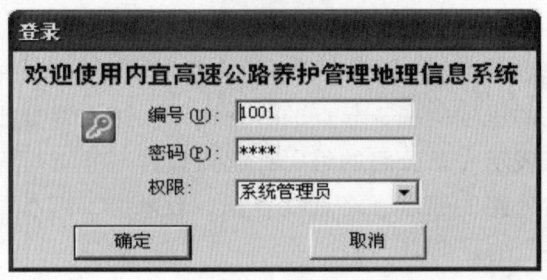

图 3-11　系统登录

2. 管理系统主界面（见图 3-12）

GIS 管理系统包括路段信息、桥梁信息、涵洞信息、其他设施信息、养护管理、养护分析等主功能区。其下有各个不同地物的图层控制、导航地图，各个桥涵、路段属性信息查询等。

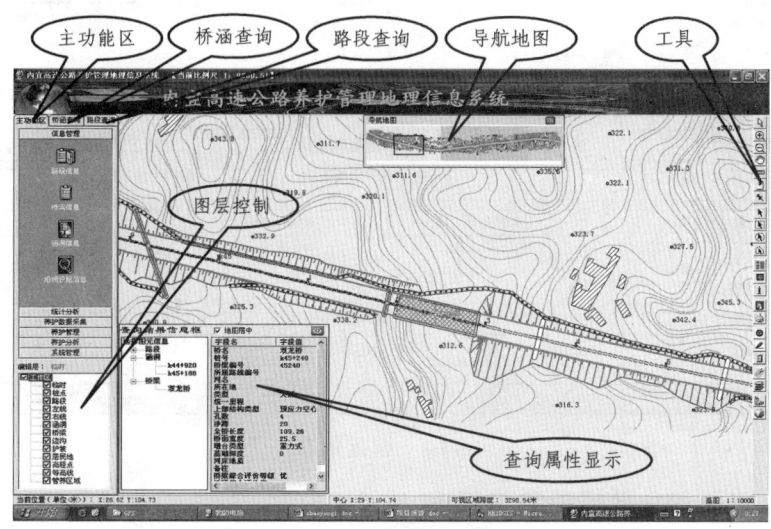

图 3-12　系统主界面

3. 路段数据采集与管理

路段检测和历史数据可通过录入路段信息卡（图 3-13）进行采集和管理。

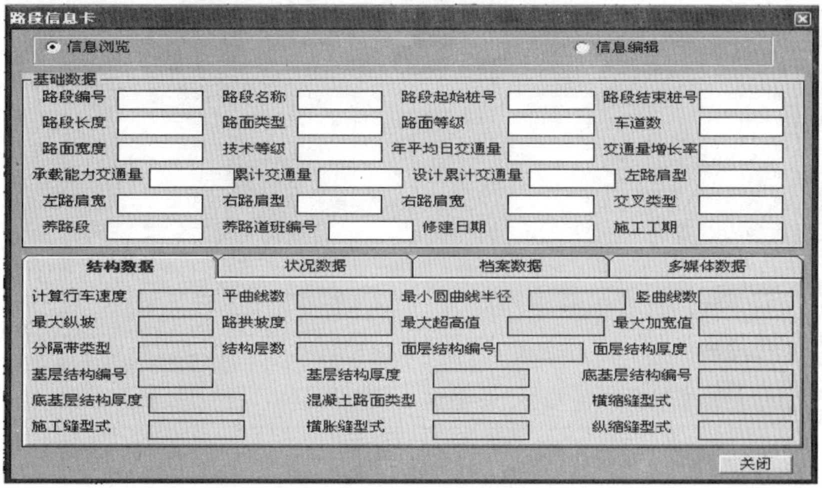

图 3-13　路段信息卡

4. 桥梁数据采集与管理

桥梁信息数据采集与管理如图 3-14 所示。

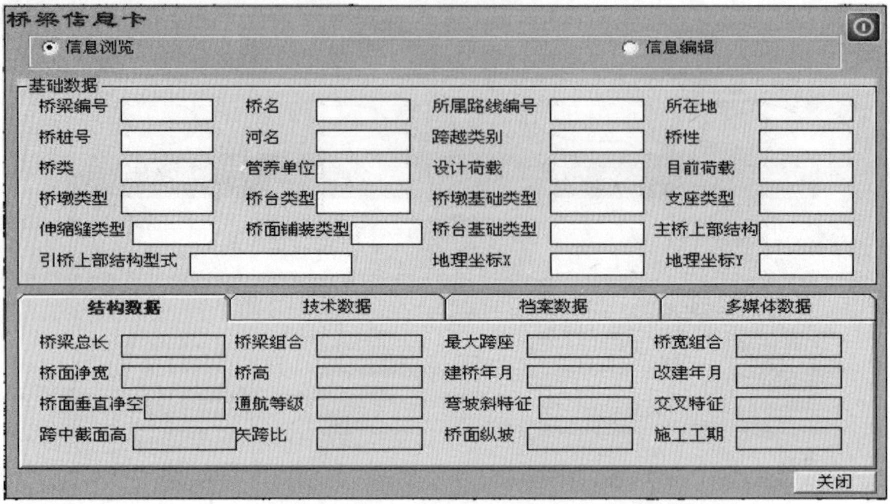

图 3-14 桥梁信息卡

5. 路面养护数据采集与管理

路面养护数据采集及管理如图 3-15 所示。

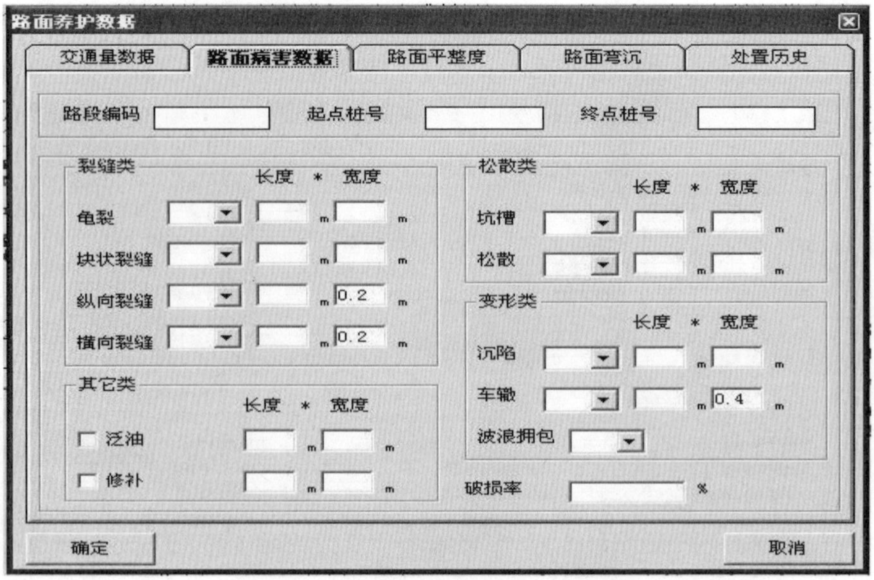

图 3-15 路面养护数据采集与管理

6. 查询功能实现

（1）图元信息查询（见图 3-16）。

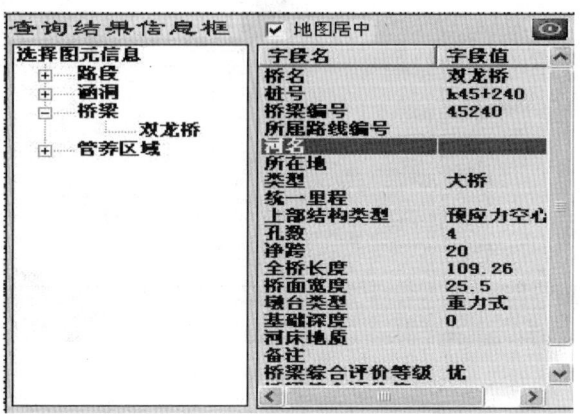

图 3-16　查询结果显示

（2）路段、桥涵空间位置信息查询（见图 3-17、图 3-18）。

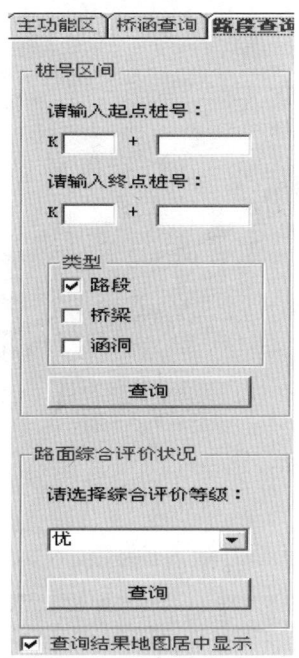

图 3-17　路段查询

图 3-18　桥涵查询

（3）属性数据库查询（见图 3-19）。

	MAPINFO_ID	路段编号	起点桩号	终点桩号	路段名称
▶	1	44295	k44+295	k44+300	
	2	44300	k44+300	k44+400	
	3	44400	k44+400	k44+500	
	4	44500	k44+500	k44+600	
	5	44600	k44+600	k44+700	
	6	44700	k44+700	k44+800	
	7	44800	k44+800	k44+900	
	8	44900	k44+900	k45+000	
	9	45000	k45+000	k45+100	

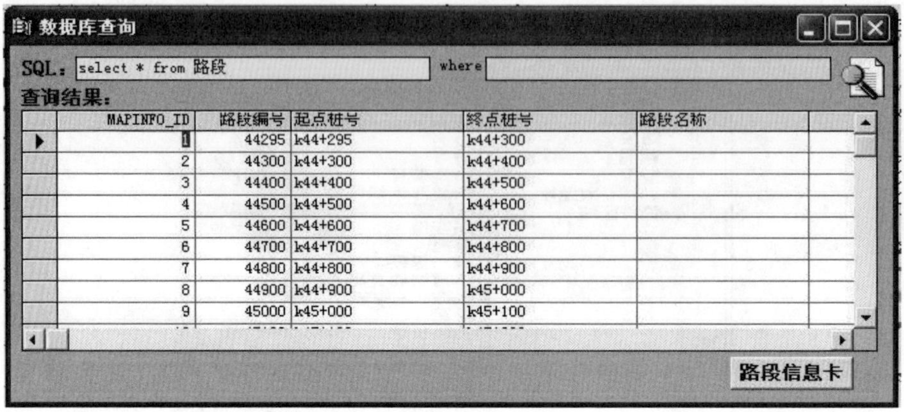

图 3-19　属性数据库查询

7. 专题地图功能实现（见图 3-20）

系统可根据用户需求编辑、打印针对性较强的专题地图。

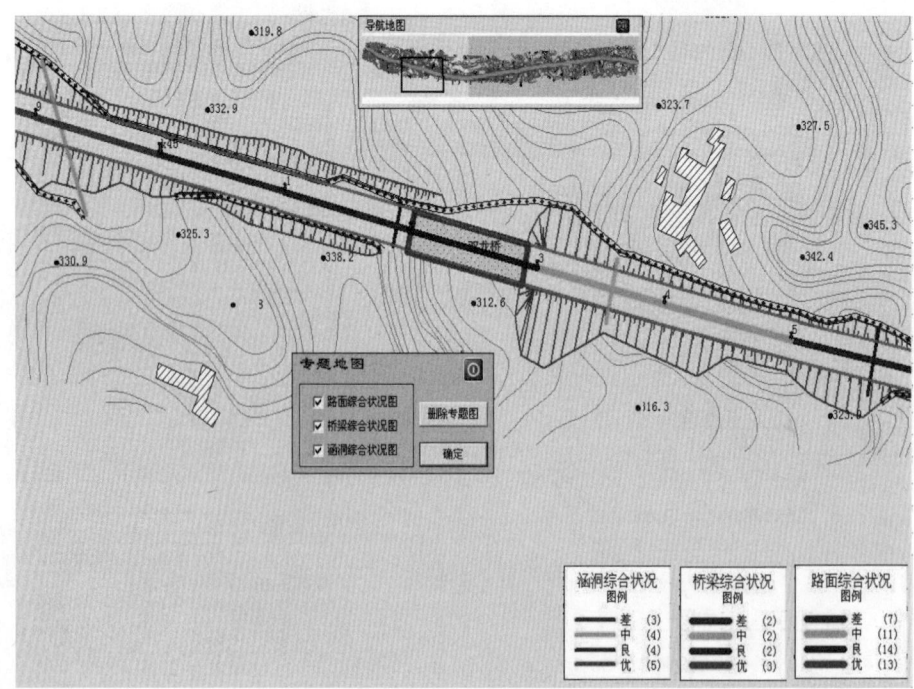

图 3-20　专题地图生成

3.5 本章小结

（1）根据养护管理的需求分析，确定路面管理系统的主要数据源，包括公路基本数据、检测数据、巡查数据、模型参数、坐标数据等。

（2）根据数据采集方式的不同，将数据采集分为内业和外业数据采集，并对外业和内业数据的采集方法和录入标准进行了论述，外业数据有路面破损、路面弯沉、路面平整度、抗滑性能、交通量等数据，内业数据有路面结构类型、路段编码、路面维修历史数据等数据。

（3）由于公路数据库是路面管理系统的基础，根据对地理实体描述的信息不同，公路管理信息分为空间数据和属性数据，本章详细研究了路面管理空间数据库的管理方式、图层划分和属性数据库的主要内容、管理方式、设计方法。

（4）对于空间数据与属性数据之间的连接问题，部分属性可以通过指定的关联字段来实现关联，更多的是通过动态分段技术来解决。

第4章 高速公路路面性能评价

在高速公路数据库建立的基础上，构建了基于 GIS 的路面管理系统的平台，通过 GIS 可以完成空间数据与属性数据的关联，实现了检测、编码和空间等数据的有效储存和管理，但是作为路面管理系统还缺乏评价和决策功能，而公路的养护评价和决策优化是整个路面养护管理系统的核心，所以在 GIS 平台上应当增加相应的高速公路路面性能的评价和决策模型才能真正实现路面管理的科学化和智能化。

4.1 概述

路面性能，英文称之为 Pavement Performance，这个概念最先是由美国各州公路与运输工作者协会 AASHTO（Amerian Association of State Highway Officials）于 20 世纪 60 年代初期提出的[43]。在此之后，伴随着公路修筑方面技术不断地走向成熟以及人们对公路使用的相关经验的不断增加，路面的使用性能开始逐步得到提高。纵观国际、国内的一些研究成果，路面性能基本上可以这样来进行定义：公路的路面在预定的设计年限范围内，在达到规定的荷载以及气候条件之下，以达到相关的预期功能要求，可以实现与保障车辆安全、车耗经济、行车舒适以及提高行驶速度的能力以及属性[44]。

自 20 世纪 60 年代中期开始，美国的 AASHTO 依照将近 10 年的有关试验观测结果开始采用有关多元回归的方法逐步地建立起一个客观与主观的联系，逐步实现了对路面质量的总体评价，从而率先提出了有关路面质量评价模型（称之为路面服务性能指数模型 PSI）[7]。PSI 模型对 20 世纪

70年代以后公路养护管理技术尤其是路面管理系统的影响相当深远。20世纪80年代以来，有不少国家以及国际上有关机构，比如加拿大、英国、日本以及世界银行等都先后以PSI模型作为范例建立了各自的路面评价模型。

我国开展路面管理系统的研究起步较晚，但是在广泛吸收国外的方法和经验的基础上，近年来也提出了符合国内路况的路面评价方法。如著名的学者潘玉利博士在交通部公路科学研究所工作期间，在路面使用性能评价模型相关内容的基础上，把那些影响路面使用性能的有关因素进行了全面的研究，认为主要含有平整度以及破损率两个大的方面，潘玉利假设了其函数的形式，并且充分运用相关数据进行了回归分析，在对有关项目比较分析的基础上，最终选取了一些与之相关的回归方程来作为路面使用性能的有关评价模型。还有一些学者，比如由同济大学姚祖康教授重点承担的"七五"国家重点攻关项目，项目名称是"干线公路路面评价养护系统成套技术"，这个项目的研究把路面使用性能基本上划分为路面破损、结构承载能力以及行驶质量三个方面的内容，路面损坏状况采用了单一的评价标准PCI（Pavement Condition Index），对那些路面损伤状况的描述主要是采取破损扣分法来进行的，路面损坏状况的内容是由损坏类型、损坏程度、范围或密度三个方面的特征来进行表示的，最后依照其交通量以及路面的相关使用性能、路面破损的程度以及路面的结构承载能力等4个方面的矢量来对路面的相关使用性能进行表示。20世纪80年代，我国交通部公路科学研究所依照我国沥青路面的现状，在参阅了很多国外模型的基础上，建立了一般公路沥青路面使用性能评价模型，对于路面的一些评价模型做了新的改进，还采用了比较明确的一些分项指标，随后还相继开发了国内路面养护管理系统（CPMS）。

1996年我国颁发了《公路养护管理规范》（JTJ 073—96），规范规定公路路面质量评价采用路面的状况指数PCI、舒适性指数RQI、结构强度指数SSI和摆值BPN（或者横向力系数SFC）等4项指标加权进行路面性能综合评定。

2001年我国颁发了《公路沥青路面养护技术规范》（JTJ 073.2—2001），根据规范的有关规定，其中沥青路面质量评价指标重点是路面的破损状况、路面的平整度、路面的结构强度、路面的相对抗滑力4个方面的内容；同年还制定了《公路水泥混凝土路面养护技术规范》（JTJ 073.1—2001），规范规定公路水泥混凝土路面质量评价内容有路面行驶质量、路面状况（包括路面状况指数 PCI 和断板率 DBL）、路面结构承载力、路面抗滑能力。

2002 年 7 月交通部（现交通运输部）发布的《高速公路养护质量检评方法》（试行），根据高速公路养护特点和使用要求，对于只能定性描述而难以准确量测的指标进行弱化，由于路面状况是影响高速公路行车质量的最重要因素，路面养护质量指数 PQI 在高速公路养护指数 MQI 中所占权重为 0.65，突出了路面养护的重要性。

目前我国各地高速公路养护检评方法存在一些差异，因此极有必要加强对高等级公路评价模型的研究。通过建立满足我国高速公路路面路况的评价模型，从而获得与实际路况符合性较好的综合指标，为将来建立适用的高速公路路面管理系统奠定基础。

4.2 路面使用性能单项评价指标

目前我们国家的高速公路的有关路面结构重点有主要三个大的类型：半刚性基层沥青混凝土类型的路面，约占 75%；水泥混凝土类型的路面，约占 23%；刚性组合式类型的路面（在水泥混凝土以及碾压混凝土板上铺沥青混凝土），约占 2%[45]。由这些分类能够看出，我们国家的高速公路的路面结构重点是沥青混凝土路面，这也是本书中路面性能评价研究的主要方向。

公路路面性能的有关评价重点包括了单项指标评价内容以及综合的评价内容两种类型。路面性能单项评价指标一般都是在针对路面的宏观分类的基础之上，依照路面的质量来对路面的有关性能进行相应的评价；而路面使用性能综合评价可采用单一的路面使用性能综合评价指标，以便于对不同路段的路况作相对比较。路面性能综合评价是以路面性能单项指标评价为基础的，路面性能单项指标是路面使用性能综合评价的重要依据内容。

《高速公路养护质量检评方法》当中对于沥青混凝土路面中使用了四个方面的指标：路面破损状况、行驶质量、强度和安全指标。其中各个分项指标，分别从不同角度反映了路面性能优劣程度，各个评价内容如图 4-1

所示。在实际应用时，通过在各路段上开展路况检测，根据分析各项指标的数值情况，就可以判断这段路面的高速公路路况的完整性、功能优劣、强度、安全性等四类要求的满足程度；然后有针对性地制定该路段的养护对策，以及选取相应的维修措施。

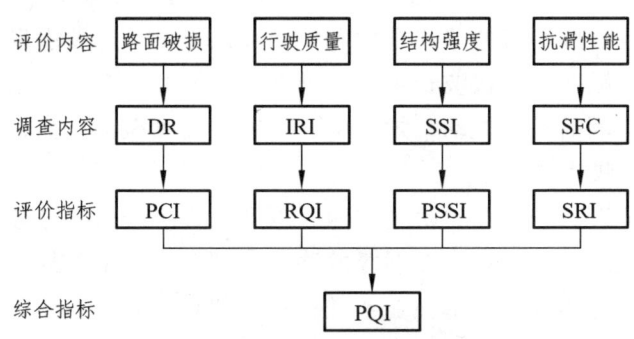

图 4-1　高速公路养护质量采用的评价体系示意图

车辙也是高速公路常见的损坏的现象，严重的车辙会影响行车安全性和舒适性，但由于目前缺少足够的历史数据和经验，同时没有高效的检测设备，因此在本书中暂时没有将车辙作为独立的评价指标考虑。

4.2.1　路面行驶质量评价

车辆在路面上的行驶质量主要与公路表面的平整度的相关特性、车辆悬挂系统的振动幅度、人们对于振动的接受能力三方面因素都有着直接的关系。大多数情况下，行驶质量采用大多数乘客的主观评价意见来计算出一个总的评分值。从这些路面状况的角度来考虑，整个评价内容当中影响路面行驶质量最为关键的因素就是路面的平整度。把每个路段的评分值与这些各路段实测的平整度有关的指标通过相应回归分析，建立主观评分同客观的检测内容的相互联系，就能够依照客观的路面平整度的量测结果来评定路面行驶质量。

路面平整度大致可由三种剖面的竖向变形构成：纵向的、横向的、水平向的。纵向变形为路表面沿行车方向高低起伏变化；横向变形是路表面沿横断面方向的高低起伏变化；水平方向变形是路面水平面内的高低起伏，是纵向与横向变形的合成。路表面的变形一般影响车辆侧向与垂直方向的加速度；侧向加速度影响车辆摇晃，摇晃的原因来自竖轴；垂直方向的加速度对使用者行驶与行驶舒适性有极大的影响。车辆垂直方向的加速度主要是由纵向变形所引发的，故目前路面平整度研究的主要对象是纵向变形；而横向变形是一般所言的路面车辙和横断面的不平，主要引发车辆的侧向加速度。路面纵向变形按波长可分为长波、短波和粗糙纹理三种类型。其中长波引起车辆的低频振动，短波引起车辆的高频振动，而粗糙纹理则引起轮胎的行驶噪声。

路面养护进行平整度的检测在网级以及项目级的路面管理系统当中，都有非常广泛的需求。首先在网级的路面管理系统当中，经对所有路网的平整度的全面抽样调查显示，能够进行路网的有关需求评估以及制订有关的养护维修资金的投资方案内容，它是进行项目选择和项目计划的主要依据；其次在进行项目级的路面管理系统当中，这些平整度数据一般可以作为养护维修质量的相关控制，还可作为路面性能预估以及维修方案的有关评估的重要依据内容。路面的平整度的好坏可以影响到行车的整体舒适感，还会影响到行车安全以及路面破损程度和车辆损坏等，并且还会直接影响到部分养护工程量的大小以及公路的有效使用年限。

对现行的路面行驶质量评价，大多数情况下就是采用相关的行驶质量指数 RQI、国际的平整度指数 IRI，有的还会使用路面平整度标准偏差 σ 等几个重要的指标来进行表征。一般行驶质量评价体系如图 4-2 所示。

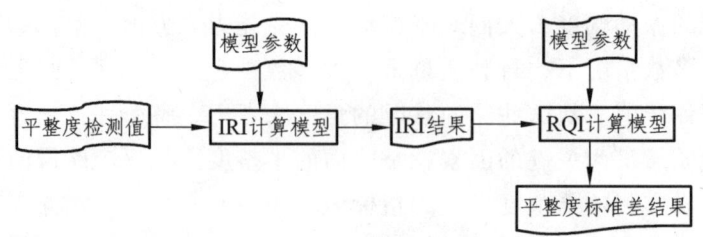

图 4-2 行驶质量评价体系结构图

《高速公路养护质量检评方法》(试行)中，高速公路行驶质量指数(Ride Quality Index) RQI 计算公式为

$$RQI = \frac{100}{1+0.0185e^{0.437IRI}} \qquad (4\text{-}1)$$

4.2.2 路面破损状况评价

路面损坏可分为：结构性破损以及功能性破损两个大的类别。结构性破损一般情况下是因为其结构层的承载能力相对较低而造成的，所能够反映出来的特征一般都是表面裂缝。另一种功能性破损是主要是因道路的服务性能不断的降低引起的，总体反映在道路上的是车辙较深和平整度较低，正确认识这些破损的差别有助于对其进行合理评价分析。

路面状况指数 PCI（Pavement Condition Index）是在各种环境状况下对那些复杂多样的路面损坏特征来进行相应的分类，而且还会在这些基础内容上制定有关的公路实际的一些破损程度来设计扣分值，依照这些扣分标准就能够对损坏的一些特点进行相应的测量、分类、评价以及扣分，最后得出那些路面损坏状况指数 PCI。图 4-3 为计算 PCI 的体系结构。

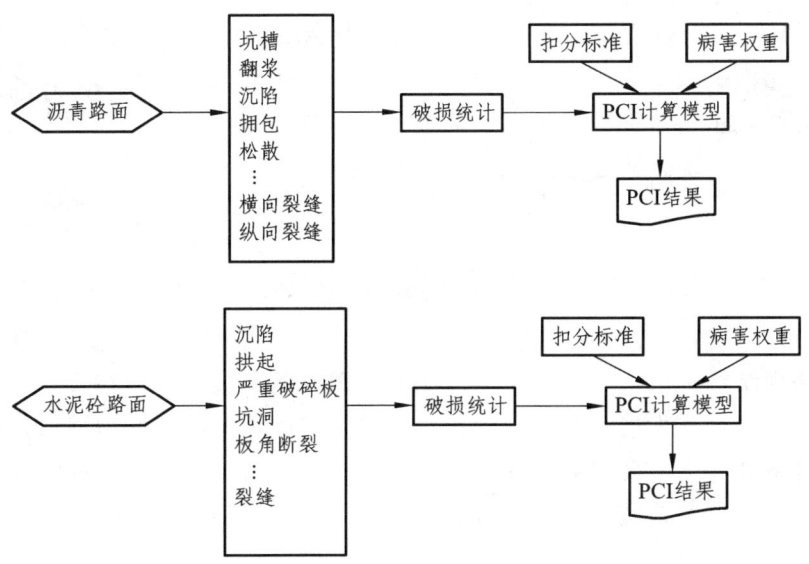

图 4-3　沥青、水泥砼路面 PCI 计算体系结构图

扣分法是确定路面状况指数 PCI 的常用方法，对于不一样的损坏类型，以及其严重程度的大小和损害的范围规定，都会有各不相同的扣分值，依据那些路段的损坏状况来进行相应累计扣分，重点选择那些剩余的数值来表征路面的完好程度。该扣分的方法很早以前就已经在美国华盛顿州路面管理系统中得到了广泛的运用，后来还在 PAVER 系统当中逐步得到了完善，目前这种方法在相应的评价路面状况当中还得到了比较广泛的应用。许多的扣分法都可以精确地进行计算或者是折算出不同的损坏类型造成的路面损坏情况，扣分法从理论上来说相对比较合理一些，实际操作起来也比较方便。但是如何准确估算扣分值和修正值是该方法的难点，而且扣分值和扣分曲线只能用于特定系列的损坏类型和严重程度。

另一种常用评价路面状况的方法是将路面状况指标 PCI 直接与路面综合破损率建立经验关系，该方法的主要特点就是能更加精确地计算以及折算出由各种破损所造成的损坏程度情况。

《高速公路养护质量检评方法》(试行)中，高速公路路面状况指数 RQI 计算公式为

$$PCI = 100 - 15DR^{0.41} \tag{4-2}$$

式中，DR 为沥青混凝土路面破损率或水泥混凝土路面坏板率(%)。沥青混凝土路面破损率为路面各种损坏的折合面积之和与调查路面面积之比，以百分数表示；水泥混凝土路面坏板率为各种损坏的折合坏板数之和与实际调查路面板块总数之比，以百分数表示。

4.2.3 路面结构强度评价

路面结构承载力是路面使用性能一个重要的组成部分，在公路使用过程中，损坏逐步发展，与此同时，路面的承载能力开始不断地降低。那些路面的承载能力主要是指路面在基本上能够达到特定的损坏状况之前，所能够承受的行车荷载作用的相关次数，或者是能够使用的年限。路面结构承载能力评价目标主要是为了确定路面的剩余寿命，并由这个内容推断出路面结构的完好程度和损坏继续发展的速度，从而为制定道路养护改建计划提供依据。

各种不同路面结构一般在相同的车辆荷载的作用条件下,能够产生不同的路表弯沉值。路面结构的承载能力将随着使用时间的延长而逐渐下降,而路面的代表弯沉值一般会随着时间以及荷载作用的次数不断增加而不断地增大。伴着其弯沉值的逐渐增大,路面逐渐出现各种破损。假设定义某种程度的损坏程度基本上是临界状态后,对应于这种情况的路表弯沉值就设定为路面结构的极限承载能力。由这个方面可知,想要判断已有的路面结构相关的承载能力,除了能够测定其代表弯沉值之外,还十分有必要知道路面结构的相关类型、路面的损坏状况以及还要调查测定路面已经能够承受的标准轴载的相应的作用次数。

我国长期以来采用的结构强度系数,也就是 SSI 作为路面结构承载能力评价指标,一般通过路段代表弯沉与设计弯沉的关系变化来确定路面结构承载能力,路面强度评价的计算体系结构如图 4-4 所示。

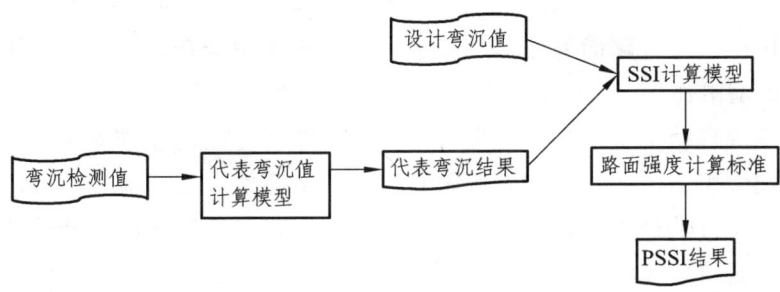

图 4-4　PSSI 计算体系结构图

《高速公路养护质量检评方法》(试行)中用 PSSI 表示路面结构强度指数(Pavement Structure Strength Index),它是通过调查路段的结构强度系数 SSI 来计算确定,具体计算公式如下:

$$\text{PSSI} = \frac{100}{1+15.7e^{-5.19\text{SSI}}} \qquad (4-3)$$

4.2.4　路面抗滑性能评价

影响路面安全性能包括以下几个方面:抗滑性能、车辙、路面的反光、车道分界、障碍物。路面的抗滑性能一般是指车辆轮胎受到制动会沿着路表面向前滑移,从而产生的抗滑能力。这里所说的路面抗滑能力是影响行车安全的重要路表特征之一,如果路面抗滑能力不足,车辆受到了制动的控制会沿着表面滑移,虽然能够能提供一定的摩阻力,但还会产生一些打滑、水上漂移(在路面潮湿状态下)等现象,导致车辆失控,严重时可能会酿成事故。所以,这些路面抗滑性能与车辆的安全运行有着直接关系,必须要把抗滑性能的有关评价当成路面状况评价的重要参数内容之一,对于路面安全性能的评价一般只考虑抗滑能力。

路表构造情况(包括粗构造和细构造两个方面的内容)、路面潮湿情况以及行车速度都是影响路面抗滑能力的一个重要的因素。微观构造指公路表面的纹理或粗糙度。宏观构造指公路表面集料之间形成的宏观粗纹理。研究结果认为,那些微观构造所能够提供的比较基础的抗滑能力,一般会在路面无积水或者说积水较少的情况下,车辆低速行驶时一般都会起到较好的作用;在那些路面有较多的积水时,薄膜水则会在轮胎和路面之间起到一定的润滑作用,从而会不断的降低这两者之间的接触程度以及摩擦力,此时单靠微观结构就不足以抗滑,而宏观构造却可以迅速排除掉轮胎以及路面的残余积水,并且增大轮胎附着程度,从而使微观构造所形成的抗滑能力在高速行驶过程中得到较好的保持。所以要提高路面的抗滑性能,必须考虑到这两个方面的构造。

一般情况下,路面的抗滑能力可以看作路表面的一个特性,以摆值 BPN 或者是横向力系数 SFC 表示,路面安全性能评价的计算体系结构如图 4-5 所示。

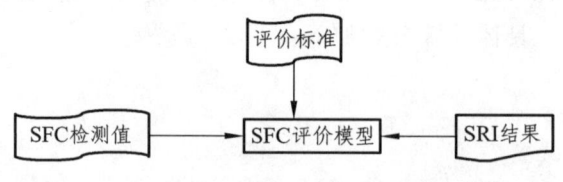

图 4-5 SFC 评价体系结构图

对高速公路而言采用 SFC 作为路面抗滑性能的主要指标。路面抗滑性能(Sliding Resistance Index)SRI 的值是通过调查路段的横向力系数 SFC 来计算确定,具体计算公式如下:

$$\text{SRI} = \frac{100 - \text{SRI}_{\min}}{1 + 266e^{-0.139\text{SFC}}} + \text{SRI}_{\min} \tag{4-4}$$

4.3 路面使用性能综合评价

评价方法的科学性是客观评价的基础。目前来说，对于评价的相关问题的多数研究基本上可以划分成为两个方面：一方面是对评价指标体系的相关研究；另一方面就对于综合评价方法的内容研究。前面所说的是解决某类个性问题，后者则针对评价中的共性问题。

路面使用性能的单项评价是指从某一个方面来反映路面的使用状况特征，很多情况下都是无法从总体方面来全面反映路面相关的使用状况，从而可能会对路面养护管理工作决策造成一些困难。综合评价是指对多属性体系结构描述的对象系统做出全局性、整体性的评价。综合评价指标能弥补单项评价指标的不足，可以用各种指标对不同道路的路况作相对比较。路面的使用性能综合评价不仅仅实现了对整个路面使用状况的一个总体性的描述，而且能够了解这些路网的整体的服务水平，并且还为路面使用性能的预测以及安排路面养护或改建的优先次序的决策奠定了基础。综合评价所面临的经常是一些复杂的系统，在进行评价方法方面还存在较多要考虑的问题，有许多理论方面的问题与实践方面的困难需要进一步的解决，所以对路面性能综合评价方法的研究具有十分现实的意义。

4.3.1 路面使用性能综合评价方法

很多学者在综合评价方法研究领域开展了许多相关的研究，从总体上看，重点用于综合评价的方法是比较多的，不过因为每个方法的出发点相对来说并不相同，所以解决问题的有关思路也各不相同，适用对象也各不相同，又各有一些自身的优缺点。目前我国的路面使用性能的评价方法较为成熟的有以下几种模型[46-48]：

1. 基于回归分析的路面性能综合评价模型

总的来说,路面管理系统是一个比较复杂的系统,该系统在研究的初期对于每个因素之间的相关关系之间的了解并不是太多,一般情况下都是依靠专家进行评分,然后运用多元回归的方法进行分析,建立客观和主观的因果联系,实现路面使用性能评价。回归模型在分析每个影响因素之间的相关内容基础上,对检测数据进行相应的统计,并且建立对应的函数关系数学模型,所以模型具有一定的科学性;但该模型由于较容易受到地域条件或一些其他条件的制约,又有较强的经验色彩特征,这样的结果一般很难满足应用要求。

最初在1960年美国计划实施的AASHO道路试验的一个比较重要的研究成果之一,美国的路面服务的性能指数PSI(Present Serviceability Index),这是世界公路行业首次引用了相应的专家评分技术,从而建立起了主客观联系的一个成功典范。在建立模型时,科研人员组建了一个有8~16人的专家评分组,通过路上行车的主观评分得到了专家评价值PSI。随后公路检测人员对那些试验路段的典型路面损坏现象进行相应的调查,并且采用多元回归方法准确地建立起了路面破损以及主观路段评分值之间的对应关系,从而建立了PSI模型。沥青混凝土路面的PSI计算公式如下:

$$PSI = 5.03 - 1.911\log(1+SV) - 1.37RD^2 - 0.01\sqrt{C+P} \qquad (4-5)$$

式中　PSI——路面服务性能指数;

　　　SV——坡度变化;

　　　RD——平均车辙深度;

　　　C——裂缝长度;

　　　P——修补面积。

以它作为范例,加拿大建立了路面质量指数(Pavement Quality Index)和舒适性指数(Riding Comfort Index);日本建立了路面养护指数(Maintenance Control Index)以及路面处治指数(Pavement Rehabilitation Index);还有我们国家的养护规范中采用的PCI及RQI,这些指标都是属于回归分析模型。

但是随着相关研究工作的不断发展,回归法也开始出现许多缺点。一是路面状况本身就具有复杂性、随机性、模糊性的一些特征，在数据之间存在的偶然性比较大且含有误差。在进行路面使用性能评价过程当中，有一些主观和客观的相互联系，仅仅依据回归分析难以表达其复杂关系，常常会导致评价结果和实测数据的误差较大的情况，而且不同地域模型结构都不同，模型的外推性较差。

2. 基于系统分析模型的路面性能综合评价

系统分析法包括两种，即层次分析法和模糊数学法。

层次分析法（Analytical Hierarchy Process）是通过有序的层次结构，把复杂问题中的各种因素条理化。要依照客观事实来进行基本的判断，通过相关专家调查之后，用量化的方式来表示各个层次的重要程度，然后再用数学方法来说明每一层次的各个元素之间的相对重要性次序及其权值内容，并且要能够应用排序相关结果来及时地分析和解决复杂问题。但是如果层次分析法当中，由于需要用到相关的专家评分，而人们会对各种影响因素存在主观认识上及看法上的不同，就会造成判断结果存在着比较大的差异，所以该方法受专家主观因素影响太大，客观性不强。

模糊数学法是通过因素分析选定模型中需要考虑的评价指标，经过无量纲化的处理之后，依据相应的原则以及调查分析，建立起每个评价指标之间的隶属度函数，从而得到路面综合评价指标。因为在模糊综合评价当中，大部分都会采用线性加权平均，模型建立相应的判断集，从而导致那些判断的结果会出现失真或失效的结果，会产生路况类别判断上的误差以及结果的不可比性。

这两种方法，都要用到相关专家的调查评分，因此评价结果的主观因素较强，不易得出客观公正的路况评价。

3. 基于灰色理论的路面性能综合评价模型

从信息论的角度来讲，对于系统的信息掌握不是很清楚的称为灰色系统，而系统信息完全明确的为白色系统。

在进行相关的路面管理过程当中，有些信息是我们已经知道的，比如说路面的结构、类型特征和交通状况好坏程度等，不过还有些影响因素不是很清楚。在进行这些路面综合评价过程当中，很难对所有路面信息都搞得清清楚楚之后再对其进行相应的评价，所以路面系统从本质上应该属于灰色系统。而运用灰色系统理论的"灰唯一性"原理，即在信息并不完善的条件下，依照已经知晓的相关信息进行处理，按照定性及定量相结合的方法，能够把路面的综合路况准确确定，以便能够不断地实现评价路面综合路况的目标。

灰色理论能够比较好地克服性能评价当中所存在的指标不够明确的一些问题，它不但能够减少评价中的相对人为因素的影响，还提高了评价方法的准确性，并且实现在现有的一些路况检测数据相对比较少的情况下进行相应的路况综合评价目标。不过这种方法当中的权函数还是要由每个指标的相应的经验范围来进行明确，并且它们的评价结果也大都是各个指标进行聚类分析的一个总和，每个指标对于评价结果都有较大的影响，影响了其平均化的缺陷，另外当各个聚类值相差较小时不易做出取舍。

4. 物元分析模型的路面性能综合评价

物元分析，英文称为 Matter Element Analysis，这种理论是由我国的学者蔡文教授首先建立的一门介于数学以及实验科学之间崭新的学科方法。这种方法是系统科学理论、应用数学、思维科学理论等几个学科相互交叉的边缘科学，其运用的学科范围十分广泛。这种物元分析一般都是把现实世界中的矛盾问题当作一种研究的对象。物元分析主要目的是解决依照事物关于特征的一些量值来进行判断事物属于某集合程度的识别问题提供了一种全新的途径。其中的一种可拓集合的思想和识别问题基本上是一致的，描述相关的可拓集合的关联函数可以使识别方法更加精细化。所以，按照可拓集合以及关联函数，能够建立起一套能够识别"既是又非"和可变性事物的方法内容。

在道路使用性能评价的过程中，物元分析法也会出现其自身存在的部分缺陷，如怎样确定每个指标权重系数的大小，如何构造关联函数，对于关联度大小接近或相同的路段路况该如何评定等问题都有待深入研究。

5. 人工智能模型的路面性能综合评价

伴随着科学技术的不断发展，学科开始出现交叉，计算机的有关应用技术也开始走向成熟，越来越多的一些创新技术以及思想方法开始被引入到了路面的相关评价当中。其中人工智能方法的运用越来越受到关注，具体主要有遗传算法、神经网络以及模糊神经网络等，这些智能算法为路面评价提供了新的平台，也为路面管理信息化、智能化的实现奠定了基础。

4.3.2　国内高速公路综合评价指标

目前网级的高速公路养护管理系统中，综合性的指标显得特别重要。特别是对于拥有预算拨款权力的决策者，综合指标值反映了路面当前所处的状态，可以对不同路段的路况作相对比较，有利于在面对大量的维修路段时准确地做出决策。

根据我国高速公路的行车特点及性能要求，在《高速公路养护质量检评方法》（试行）当中，将高速公路的养护内容分为路基、路面、桥涵和沿线设施4大类，而其中路面性能是影响高速公路行车的最重要因素。针对我国高速公路的特征以及主要的病害类型特点，借鉴国外的经验，引入MQI指数作为我国评定高速公路养护质量的指标，并且将路面评价的得分在MQI中的权重定为0.65，突出了路面养护的重要性。高速公路养护质量指数MQI（Expressway Maintenance Quality Index）的相关指标及相关关系，如图4-6所示。

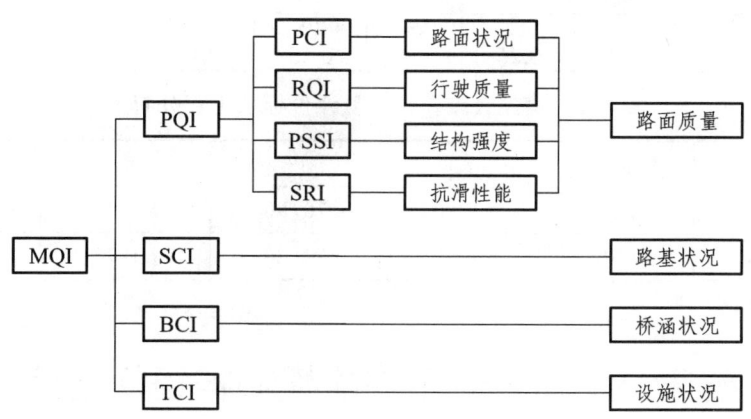

图4-6　高速公路养护质量评价体系

高速公路路面使用性能综合评价一般采用权重模型，不同评价指标取不同的权重系数。高速公路路面养护质量指数EPQI（Expressway Pavement

Quality Index）的评价公式可表示如下：

$$EPQI = \omega_{RQI}RQI + \omega_{PSSI}PSSI + \omega_{PCI}PCI + \omega_{SRI}SRI \qquad (4\text{-}6)$$

式中　　ω_{RQI}——RQI 在 PQI 中的权重；

ω_{PSSI}——RQI 在 PQI 中的权重；

ω_{PCI}——PCI 在 PQI 中的权重；

ω_{SRI}——SRI 在 PQI 中的权重。

　　高速公路路面使用性能的综合评价采用 PQI 作为比较全面的评价指标，经路面性能的每个单项指标的加权来进行计算 PQI，PQI 的数值范围为一般都是控制在 0~100，其计算值越大，路况相应越好。《高速公路养护质量检评方法》（试行）给出的每个分项评价指标的权重以及建议范围如表 4-1 所表示的内容，选取权重要依照各地实际路况水平以及相应的养护方案，在建议值的范围内采取可行的调整。高速公路路面使用性能单项和综合指标的评价标准见表 4-2。

表 4-1　PQI 指标计算的权重系数内容

路面类型	沥青路面系数				水泥混凝土路面系数		
评价指标	RQI	PSSI	PCI	SRI	RQI	PCI	SRI
权重系数	0.35	0.20	0.35	0.10	0.40	0.40	0.20
建议范围	0.3~0.4	0.15~0.25	0.3~0.4	0.05~0.15	0.35~0.45	0.35~0.45	0.15~0.25

表 4-2　高速公路养护质量评价标准（百分制）

指标	优	良	中	次	差
MQI	≥90	80~90	70~80	60~70	<60
PQI	≥90	80~90	70~80	60~70	<60

4.4　高速公路路面使用性能模糊神经网络综合评价模型

　　路面性能评价是路面养护决策一个重要的基础，也是我们实现路面管理系统的一个重要的组成部分，综合评价模型应具有客观性和可操作性。但是高速公路综合评价中有一些不确定的因素，并且很多内容无法用量化指标评定。针对评价中存在较多模糊的因素，利用模糊系统善于表达经验性的知识，可以较好地处理带模糊性的信息，但是模糊系统的最大缺点是模糊规则和隶属函数等设计只能靠经验选择，不能够自动处理或生成。如果通过神经网络来构造模糊系统，就可利用神经网络的大规模非线性并行处理能力和强大的自学习功能，根据输入输出样本来自动设计和调整模糊系统的设计参数，构造一种可"自动"处理模糊系统的神经网络——模糊神经网络。

本书据此提出一种基于模糊神经网络的高速公路路面使用性能综合评价方法。

4.4.1 模糊神经网络

4.4.1.1 人工神经网络

人工神经网络 ANN（Artificial Nuearl Network），就是模拟人类大脑的神经系统的结构和功能，通过大量的处理部件，采用人工方式构造的一种复杂网络计算系统。

一般人工神经网络都是一个并行的、分布式的生物神经网络的模拟及近似，系统都是由具有相关适应性的简单单元共同组成的一种网络，重点是模拟两个方面的内容：一种是按照结构以及实现的机理来进行相应的模拟，因为生物神经网络的一些结构及机理仍然是相当复杂的，因此达到完全认知还相差很远；另一种是从功能上进行模拟的，运用物理上能够实现的器件以及采用计算机来模拟生物体的神经网络的一些结构以及功能，把知识不断地分布存储在那些神经元之间的连接关系当中之后，那些新的知识可以用来调整连接的关系，从而尽量使人工神经网络不断地具有生物神经网络能够利用的一些功能。随着人工神经网络技术的发展，其应用领域主要有非线性控制、模式识别、优化计算和模糊信息处理等。

神经元是人工神经网络中的最基本的一个处理单元，是一个多输入而单输出的一种非线性器件,其具体的通用的模型结构如图 4-7 所示。在此图中,u_i 表示神经元 i 的内部状态特征,θ_i 表示阀值,x_i 表示输入信号的内容,w_{ij} 表示 x_i 与那些神经元 i 连接的一些权值,s_i 表示在进行某一外部输入的相关的控制信号内容。

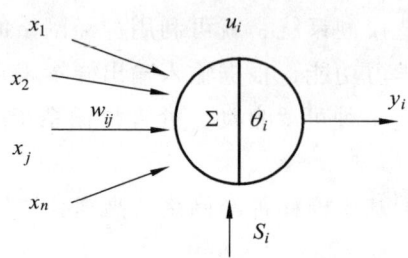

图 4-7　神经元结构模型

神经元模型大多数情况下是用一阶微分方程来进行相应的描述的,它能够模拟生物神经网络突触膜电位随时间变化的相应规律。

$$\left.\begin{aligned}\tau\frac{\mathrm{d}u}{\mathrm{d}t} &= -u_i(t) + \sum w_{ij}x_j(t) - \theta_i \\ y_i(t) &= f[u_i(t)]\end{aligned}\right\} \quad (4\text{-}7)$$

神经元的主要用途是构造人工神经网络。在工程中实际使用的神经元类型经常根据用户的具体要求而设定。通常神经元输出特性函数选用的有以下的函类型数:

(1) 阀值型,为阶跃函数。

$$f(u_i) = \begin{cases} 1 & u_i \geqslant 0 \\ 0 & u_i \leqslant 0 \end{cases} \quad (4\text{-}8)$$

(2) 分段线性型。

$$f(u_i) = \begin{cases} 1 & u_i \geqslant u_2 \\ au_i + b & u_i \leqslant 0 < u_2 \\ 0 & u_i < u_1 \end{cases} \quad (4\text{-}9)$$

(3) S 型函数。

$$f(u_i) = \frac{1}{1+\exp(-u_i/c)^2} \quad (4\text{-}10)$$

神经网络的互联结构一般可以按照其分类的相关结构方式不断的将其细划，能够把它分成两大类模型，即前馈（feed-forward）模型以及后馈（feed-back）模型。前馈网络中有明显的层次关系，其信息单方向地从输入层向输出层流动，常见的多层感知器、BP 网络等就属于此种结构。根据局部是否有反馈或互联，前馈网络又被分成输入输出有反馈的前馈网络（认知机网络）和前馈内层互联网络（自组织网络）；而反馈网络就没有明显的层次关系，其信息的传输存在反馈机制，如常用的 Hopfield 网络。

一个神经网络如果只具有拓扑结构，还不能够表明任何智能特性，其必须具有一套完整的学习方法与之配合，才能实现自适应、自组织和自学习的能力。对于人工神经网络的学习方法，其实就是网络连接权的调整规则。神经网络有很多相互连接的处理单元组成，其中每一个处理单元包含许多输入量 x_i，而每一个输入量都相应有一个相关联的权重 w_i。这些处理单元将经过权重的输入量 $x_i \cdot w_i$ 相加，就可以计算出唯一的输出量 y_i。由于权重是变量，能够动态地进行调整，产生对应的输出 y_i。由此可见权重的动态修改是学习中最基本的过程，权重的调整可以看成"智能化过程"。

4.4.1.2 模糊逻辑系统

1965 年，美国加州大学的控制论专家 Zadeh L A 提出了模糊集合的概念，发表了开创性的论文《Fuzzy Set》（模糊集合论）。他提出了模糊系统的核心是利用数学方法，模拟人脑的思维，对复杂的事物进行模糊处理。Zadeh L A 在 1973 年提出了一个 Fuzzy Logic（模糊逻辑）的理论，模糊逻辑系统与经典逻辑系统相比更接近人类思维和自然语言，它的出现为复杂系统和人工智能提供了有实用价值的工具。

模糊系统（Fuzzy System，FS）指的是同模糊概念以及模糊逻辑之间有着直接关系的系统。它一般包括：模糊产生器、模糊规则库分、模糊推理机以及反模糊化器等组成的。一般的模糊系统构成如图 4-8 所示，这里 $U = U_1 \times U_2 \times \cdots \times U_n \subset R^n, V \subset R$。

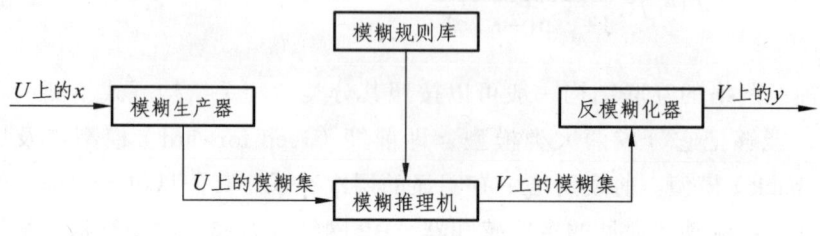

图 4-8　模糊系统结构

一般模糊产生器都是将论域 U 上的点不断的调适，对应于映射为 U 上的一些模糊集合内容；反模糊化器将论域 V 上的一些模糊集去不断的对应那些映射为 V 上确定的点的内容；模糊推理机依照模糊规则库中的相关模糊推理知识和以模糊产生器产生的模糊一些集合，不断地推理出相关的模糊结论，也可以论域 V 上的模糊集，并把这些内容输入到反模糊化器。

模糊逻辑系统实际就是只由那些模糊规则库以及模糊推理机来共同组成的一个系统，这种的特点是关于输入输出的就是一个模糊集合。那些模糊规则库都是由"if-then"规则来共同构成，模糊推理机一般情况下是遵守模糊逻辑的原则，运用模糊的"if-then"相关规则来不断地决定怎样将输入论域 $U \subset R$ 上的一些模糊集合以及输出论域 $V \subset R$ 上的一些模糊集合能够相对应起来的。模糊推理规则的相关形式一般是

$$R^{(l)}: \text{if } x_1 \text{ is } F_1^l, \cdots, x_n \text{ is } F_n^l \text{ then } y \text{ is } G^l \tag{4-11}$$

式中，F_i^l 和 G^l 都是模糊集合。$X = (x_1, x_2, \cdots, x_n)^T \in U$，$y \in V$，$x$ 以及 y 分别是输入以及输出语言变量内容，$l = 1, 2, \cdots, M$。假如对那些模糊推理运用 sup-*合成，则会对定义在那些 U 上的任一模糊集合 A'，一般是由式（4-12）定义的进行模糊推理的相关输出一般是定义在 V 上的一个比较模糊的集合 $A' \circ R^{(l)}$，这种定义一般是

$$u_{A' \circ R^{(l)}}(y) = \sup_{x \in U} \{u_{A'}(x) * u_{F_1 \times \cdots \times F_n \to G^l}(x, y)\} \tag{4-12}$$

假定模糊规则库全部有 M 条相关的规则,这种纯模糊逻辑系统的一种输出内容是 V 上的一个相关模糊集合 $A' \circ (R^{(l)}, \cdots, R^{(M)})$,其定义为

$$u_{A' \circ (R^{(l)}, \cdots, R^{(M)})}(y) = u_{A' \circ R^{(l)}}(y) \oplus \cdots \oplus u_{A' \circ R^{(Ml)}}(y) \qquad (4-13)$$

式中,$\oplus$ 为 max 或其他算子。

模糊逻辑系统是建立在模糊集合理论、模糊 if-then 规则和模糊推理等概念基础上的先进计算框架,它打破了传统分明集只有 0 和 1 的界限,任意元素的隶属关系可以用隶属度来表示,可以有效地对人类专门知识进行建模。用模糊系统进行信息处理的核心难题在于模糊规则的自动提取以及模糊变量隶属度函数的生成。在实际应用中,建立一套实用的规则和隶属度函数还是十分困难的。

4.4.1.3 模糊系统与神经网络的融合

模糊神经网络 FNN(Fuzzy Neural Network)是全部或部分采用模糊神经元所构成的一种可以进行处理模糊信息的神经网络系统。由于神经网络对环境的变化具有很强的自适应学习能力,神经网络采用的是黑箱(Black-box)型学习方式,所以它所获得的输入、输出关系很难被人类可接受的模式进行表达,即所表达的信息都是隐含形式,没办法用很简单的被人接受的方式来表示出来的。模糊系统建立在"if-then"的规则基础上,这种方式容易被人们接受,但是它的学习能力比较差,当进行一种模糊信息处理时,怎样自动生成与调整隶属度函数以及模糊规则,始终都会是模糊系统的一个难题。通过把神经网络和模糊系统有机结合,采用神经网络技术进行一些模糊信息处理内容,就会使得模糊规则当中的自动提取以及隶属度函数的自动生成问题得到解决,这样模糊系统成为了能够自适应的系统;而把具有逻辑推理能力的模糊技术引入到相应的神经网络,能够拓宽神经网络处理信息的范围内容以及能力水平,不但可以处理精确的信息,也能够处理相关的模糊信息以及其他一些不精确的信息,这样不但保留了神经网络的学习能力,又提高了系统的表达和学习能力。

模糊神经网络不仅指将那些模糊化概念以及模糊推理引入了一些神经

元的模糊神经网络系统，还指能够利用神经网络功能的模糊系统。模糊系统和神经网络融合主要有以下的3种方式：

1. 引入模糊运算的神经网络

这种神经网络大多数是由普通神经元以及模糊神经元来共同组成的。由于采用模糊数学描述部分的参数，所以具有了处理模糊信息的一些能力。该模糊神经网络经过相应的调整来进行有关的学习，这种学习算法能够采用一些通用的学习算法，也能够通过对原来的一些神经网络的学习算法进行拓展之后得到。常见的通用学习算法：随机搜索算法、反向传播学习算法、遗传算法等。

2. 模糊逻辑增强网络功能的神经网络

此类模糊神经网络不是简单的直接将神经网络以及模糊逻辑进行结合，而是经模糊逻辑改进神经网络的一些学习算法。起初是分析网络性能得到一些启发式的相关知识，然后再把启发式知识及时地运用于调整学习参数，从而不断地加快学习收敛相关速度。

3. 基于神经网络的模糊系统

该系统主要运用神经网络学习算法构建模糊系统。这类模糊神经网络依据模糊逻辑的一些运算步骤进行分层构造，却不改变相关的模糊系统的一些基本的功能（比如模糊化运算、模糊推理以及反模糊化运算）。这些网络一般都是先对其提取相关的模糊规则，再运用神经网络的一些学习算法对此系统进行相应的参数调整。有一些网络的学习过程不但能够用数据进行驱动，又能够进行知识的驱动。

模糊神经网络的具体结构根据模糊系统的需求描述方式、网络学习算法以及节点函数选取的不同而有差异。模糊神经网络的常用组织结构如图4-9所示。

图4-9 模糊神经网络逻辑结构

其中每个节点层的节点数以及权值通过模糊系统的具体模块形式进行设置,隶属度函数和模糊规则采用一定的学习算法生成。

4.4.2 模糊神经网络综合评价模型

4.4.2.1 模糊神经网络评价描述

在高速公路路面性能综合评价体系中,以《高速公路养护质量检评方法》中沥青混凝土路面养护实际检测中经常采用和易于仪器测量的路面破损状况、行驶质量、结构强度和抗滑性能四个单项评价指标作为输入向量,将高速公路路面养护质量指数 EPQI 作为一个输出向量,即形成对应 n 维输入量单输出的模糊系统,其模糊规则可用 T-S 模型表示。

由于该模型表示是 Takagi 和 Sugeno 首先提出的,因此通常称之为 T-S 模型。Takagi-Sugeno 模糊系统是应用最多的模糊逻辑系统,此模型比常规模型具有更强的表达力,其结构主要如图 4-10 所示。

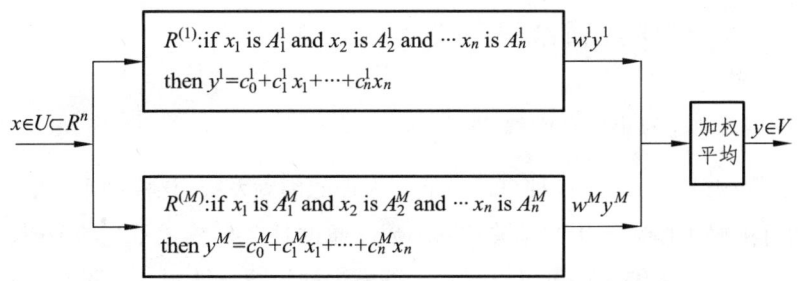

图 4-10 Takagi-Sugeno 模糊系统结构

在这个系统中,其模糊规则如下:

$$R^{(l)}: \text{if } x_1 \text{ is } A_1^l, \cdots, x_n \text{ is } A_n^l \text{ then } y^l = c_0^l + c_1^l x_1 + \cdots + c_n^l x_n \quad (4\text{-}14)$$

式中,A_i^l 为模糊集合;c_i 为实数;y^l 是系统依照这个条规则所能够计算的输出,为实数;$l=1,2,\cdots,M$。对一个真值输入向量 $x=(x_1, x_2, \cdots x_n)$,则 T-S 模糊系统对应的输出 y 等于各 y^l 的加权平均:

$$y = \frac{\sum_{i=1}^{M} y^l \prod_{i=1}^{n} u_{F_i}^{l(x)}}{\sum_{i=1}^{M} \prod_{i=1}^{n} u_{F_i}^{l(x)}} \quad (4\text{-}15)$$

虽然，T-S 模糊逻辑系统比其他经典逻辑系统更接近人类思维，已成为复杂分析系统的一种有力工具，但是其处理信息的核心难点是怎样进行模糊规则的自动处理和隶属函数的自动生成。

基于模糊神经网络的高速公路路面性能评价原理首先是依据模糊推理规则建立起路面性能单项指标到综合评价之间的非线性映射关系，形成输入向量到输出向量的一种函数映射关系，实现了评价模糊推理。然后，将路面性能评价的模糊规则库作为足够的神经网络学习样本，凭借神经网络强大的自学习功能，可以从网络学习样本中自动提取参数构建优化后的模糊推理模型，帮助 T-S 模糊推理系统解决模糊规则的自动处理和模糊变量隶属度函数的自动生成问题，这种网络结构不仅保留了模糊系统的知识表达和推理能力，还可以进行学习、储存以及并行处理，从而提高了综合评价的效果。

4.4.2.2 模糊神经网络评价模型的建立

1. 模糊神经网络评价模型结构

T-S 模糊逻辑系统是一种自适应能力很强的模糊系统，该模型不仅能自动更新，而且可修正模糊子集的相关隶属函数。通过对 T-S 模糊系统的分析，针对高速公路路面性能综合评价可以建立以下模糊神经网络结构，如图 4-11 所示。

该网络由前件网络和后件网络组成，总共分为五层。前件网络是由前四层构成，用来匹配模糊规则；后件网络就是最后一层，用来产生模糊规则的输出。

（1）输入层

第一层为网络的模式输入层，该层的各个节点与输入向量的各分量直接连接，输入节点是线性的，它可以将输入向量 $x=[x_1, x_2, \cdots, x_n]^T$ 传送到第二层，该层的节点数 $N_1=n$。

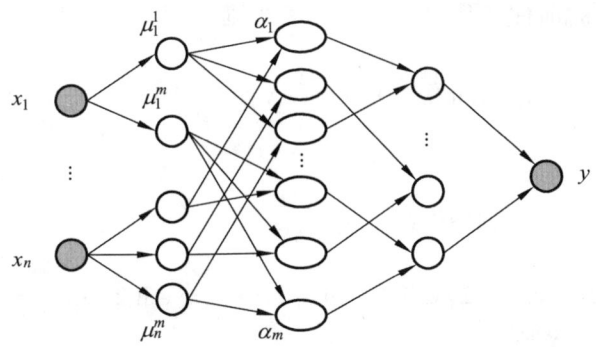

输入层　　模糊化层　　模糊推理层　　去模糊化层　　输出层

图 4-11　模糊神经网络结构模型

在高速公路路面性能综合评价中，选择四个单项指标作为模糊神经网络的输入量，即网络输入节点数 $N_1=4$，并且对输入量进行归一化处理，从而得到输入特征向量。

（2）模糊化层

第二层为网络的隐含层，该层中每个输入分量对应于一组节点，这些节点的个数相应于对 x_i 进行模糊分级的个数，其中每个节点都代表一个对应的模糊语言变量。其功能就是计算每个输入分量属于语言变量值的模糊集的隶属度函数，即 $\mu_i^j = \mu_A(x_i)$。其中，$i=1, 2, \cdots, n$；$j=1, 2, \cdots, m_i$；n 为输入量的维数，m_i 为 x_i 的模糊分割数。这里隶属度函数采用高斯函数，则

$$\mu_i^j = \exp\left[-\frac{(x_i - c_{ij})^2}{\sigma_{ij}^2}\right] \quad (4-16)$$

式中，c_{ij} 和 σ_{ij} 分别表示隶属函数的中心以及宽度，这个层的结点的总数表示为 $N_2 = \sum_{i=1}^{n} m_i$。

通过隶属度函数（4-16）对评价指标输入向量进行模糊化后得到相应的模糊隶属度值 μ。

（3）模糊推理层

第三层为模糊规则计算层，其中每个节点就代表一条模糊规则，用来

匹配模糊规则的前件，从而计算出每条规则的相关适用度，即

$$a_j = \min\{\mu_1^{1j}, \mu_1^{2j}, \cdots, \mu_1^{nj}\} \tag{4-17}$$

或

$$a_j = \mu_{A1}^{1j} \mu_{A2}^{2j} \cdots \mu_{An}^{nj} \tag{4-18}$$

式中，$1j \in \{1,2,\cdots,m_1\}$，$2j \in \{1,2,\cdots,m_2\}$，$\cdots$，$nj \in \{1,2,\cdots,m_n\}$；$j = 1,2,\cdots,m$；$m = \prod_{i=1}^{n} m_i$。该层的结点总数为 $N_3 = m$。

（4）去模糊化层

第四层节点数与第三层相同，即 $N_4 = N_3 = m$。它对每条规则的适应度进行归一化计算，即

$$\bar{a}_j = \frac{a_j}{\sum_{i=1}^{m} a_i}, \quad j = 1, 2, \cdots, m \tag{4-19}$$

（5）输出层

第五层是后件网络，也叫反模糊化层，用于计算每一条规则的后件，即

$$y_j = p_{j0} + p_{j1}x_1 + \cdots + p_{jn}x_n = \sum_{k=0}^{n} p_{jk}x_k \tag{4-20}$$

式中，$k=1, 2, \cdots, n$；$j=1, 2, \cdots, m$，$x_0=1$；p_{jk} 为后件网络的连接权。

每条规则的后件在网络结构中变成了最后一层的连接权，此时模糊神经网络的输出综合评价为 y：

$$y = \sum_{j=1}^{m} \bar{\alpha}(p_{j0} + p_{j1}x_1 + \cdots + p_{jn}x_n) = \sum_{j=1}^{m} \bar{\alpha} y_j \tag{4-21}$$

式中，y 是各规则后件的加权和，而加权系数是各模糊规则归一化后的适用度，也就是前件网络的输出作为后件网络的连接权值。

2. 模糊神经网络学习算法

模糊神经网络作为评价工具，必须进行权系数的优化，而学习算法对模糊神经网络权系数的优化起着至关重要的作用。高速公路路面性能综合评价的学习过程是由信息的正向传播和误差的反向传播组成的。在正向传播时，每一层神经元的状态只会对下一层的神经元有影响，假如输出层不能得到有效的期望输出，也就是实际输出与期望输出之间误差较大，就会转入反向传播，通过将误差信号沿原有的连接返回，并且修改网络各层神经元的权值，不断地向输入层传播并进行计算，然后再通过正向传播，期间正向传播和反向传播不断地重复运用，最终达到误差最小化，从而获得满足要求的网络输出评价值。

模糊神经网络的学习方法和神经网络的学习方法相类似，仅仅是这两者调整的每个参数稍有一些差别。神经网络经过相应的学习后逐步地来调整网络的连接权以及偏置等；而模糊神经网络调整的相关参数一般是隶属函数参数，以及规则后件参数等相关内容，在其他方面两者都是比较相同的。模糊神经网络的学习算法如下：

（1）误差计算

设网络误差函数为

$$e = \frac{1}{2}\sum_{i=1}^{r}(y_{di} - y_i)^2 \quad (4\text{-}22)$$

式中，y_{di} 是网络期望输出；y_i 是网络实际输出；e 为期望输出和实际输出的误差。

（2）系数修正

神经网络系数 p_{ji} 的学习算法如下：

$$\frac{\partial e}{\partial p_{ji}(k)} = \frac{\partial e}{\partial y_k}\frac{\partial y_k}{\partial y_{kj}}\frac{\partial y_{kj}}{\partial p_{ji}(k)} = -(y_{dk} - y_k)\overline{\alpha_j}x_i \quad (4\text{-}23)$$

$$\begin{aligned}p_{ji}(k+1) &= p_{ji}(k-1) - \beta\frac{\partial e}{\partial p_{ji}(k)}\\ &= p_{ji}(k-1) + \beta(y_{dk} - y_k)\overline{\alpha_j}x_i\end{aligned} \quad (4\text{-}24)$$

式中，$j=1, 2, \cdots, m$；$i=1, 2, \cdots, n$；$k=1, 2, \cdots, r$；p_{ji} 为神经网络系数；β 为网络学习率，$\beta>0$；x_i 为网络输入参数；α_j 为输入参数隶属度连乘积。

（3）参数调整

通过学习后将神经网络系数 $p_{ji}(k)$ 固定，利用误差反向传播算法进行计算 $\dfrac{\partial e}{\partial c_{ij}}$ 和 $\dfrac{\partial e}{\partial \sigma_{ij}}$，通过梯度寻优算法来逐步调整 c_{ij} 和 σ_{ij}，最后得到参数调整的学习算法：

$$c_{ij}(k) = c_{ij}(k-1) - \beta \frac{\partial e}{\partial c_{ij}} \qquad (4\text{-}25)$$

$$\sigma_{ij}(k) = \sigma_{ij}(k-1) - \beta \frac{\partial e}{\partial \sigma_{ij}} \qquad (4\text{-}26)$$

式中，c_{ij}、σ_{ij} 分别为隶属度函数的中心和宽度；β 为网络学习效率。

模糊神经网络是按照模糊系统模型建立的，它是局部逼近网络，利用以上的学习算法可以很快地收敛到所要求的输入、输出关系，同时它具有神经网络的结构模式，所以这些参数的学习和调整也比较容易，这是单纯的模糊系统所没有的优势。

4.4.2.3 模糊神经网络评价实例

为了建立高速公路模糊神经网络路面性能综合评价模型，网络的学习样本采用《高速公路养护质量检评方法》中的四类路面性能单项指标作为要学习的标准模式，以四川省内宜高速公路沥青混凝土路面的16条路段（长度均为1 km）中部分检测数据作为训练和测试样本，用训练好的模糊神经网络对全部路段进行综合评价，根据网络预测值得到综合评价等级指标，从而验证综合指标采用模糊神经网络建模方法的适用性和可行性。基于模糊神经网络的高速公路综合评价算法流程如图4-12所示。

第4章 高速公路路面性能评价

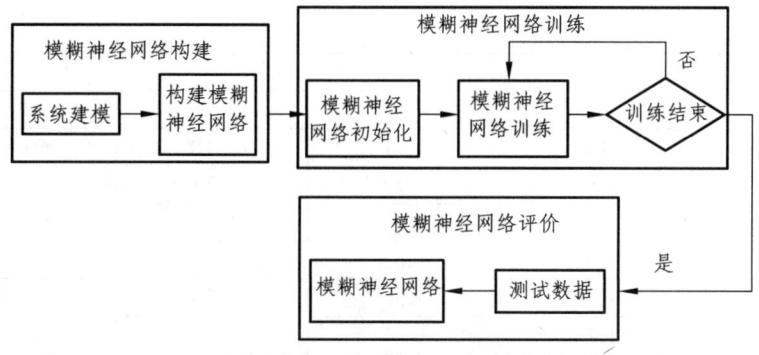

图 4-12 基于模糊神经网络的高速公路综合评价算法流程

高速公路模糊神经网络路面性能综合评价的具体步骤如下：

1. 路面使用性能训练和测试样本的选取

输入变量的选取关系到该网络训练的成功与否，还关系到综合评价的准确与否。在本文中通过调用第三章高速公路数据库中的路面检测数据表，以路面破损状况、行驶质量、强度和安全指标四个指标作为模糊神经网络测试和评价的输入变量，而综合评价结果作为输出的唯一变量，这样的样本就形成由多个输入、一个输出的结构。下面以2009年16条路段的路面性能的检测数据为原始数据，见表4-3。经过计算，得到用于路面使用性能评价所需的四项单项指标值见表4-4，并将此表中的数据作为综合评价的训练和测试样本。

表 4-3 路面使用性能检测数据

路段	检测数据			
	IRI	SSI	DR/%	SFC
1	1.93	1.45	0.33	63.50
2	2.57	1.48	0.41	63.11
3	1.90	1.37	0.30	63.39
4	1.71	1.30	0.29	64.10
5	1.59	0.74	0.43	63.31
6	3.31	1.27	1.39	61.43
7	1.97	1.01	0.28	61.90
8	2.59	1.08	1.31	62.71
9	1.53	0.96	0.32	64.36

续表

路段	检测数据			
	IRI	SSI	DR（%）	SFC
10	3.7	0.91	3.18	60.67
11	2.58	1.12	2.31	63.44
12	1.76	0.94	0.43	64.04
13	1.94	1.63	0.82	63.74
14	1.78	1.36	0.29	64.10
15	1.74	0.87	0.23	62.07
16	2.13	1.47	0.87	62.69

表 4-4 路面使用性能各项指标计算结果

路段	不同指标计算结果			
	RQI	PSSI	PCI	SRI
1	95.88	99.16	90.48	97.18
2	94.62	99.28	89.59	97.03
3	95.93	98.73	90.84	97.14
4	96.24	98.19	90.97	97.40
5	96.43	74.77	89.39	97.11
6	92.71	97.89	82.83	96.29
7	95.81	92.33	91.10	96.51
8	94.57	94.54	83.24	96.87
9	96.52	90.27	90.60	97.49
10	91.48	87.75	75.90	95.90
11	94.60	95.51	78.86	97.16
12	96.16	89.32	89.39	97.38
13	95.86	99.67	86.17	97.27
14	96.13	98.67	90.97	97.40
15	96.19	85.33	91.79	96.59
16	95.52	99.24	85.83	96.86

2. 模糊神经网络初始化

模糊神经网络结构的建立根据训练样本维数确定模糊神经网络输入/输出节点数、模糊隶属度函数个数，由于路面单项性能指标输入数据为 4 维，输出综合评价数据为 1 维,所以模糊神经网络结构为 4-8-1,即输入节点 4 个、隐含 8 个隶属度函数、输出节点 1 个。根据训练输入/输出数据维数确定网络结构后,对所有样本进行归一化处理,每一个样本得到 4 个元素的输入特征向量和一个输出特征向量,训练数据归一化可直接采用 MATLAB 中的 mapminmax( ) 函数实现,同时还要初始化公式(4-24)中模糊神经网络的系数 P,模糊隶属度函数中心 c 和宽度 σ 可由网络随机得到。

3. 模糊神经网络训练

模糊神经网络训练用表 4-8 中 1-10 条路段指标数据作为训练样本训练模糊神经网络,首先模糊化层采用隶属度函数(4-16)式对路面单项性能指标输入向量进行模糊化,模糊规则计算层采用(4-18)式计算,由公式(4-21)计算综合评价模糊结果。

然后根据(4-22)式进行评价输出误差比较,通过公式(4-24)不断修正隶属度函数系数的计算值,并对隶属度函数参数按(4-25)和(4-26)式进行修正,直到误差满足要求。综合评价模糊神经网络评价训练曲线如图 4-13 所示,模糊神经网络评价训练绝对误差如图 4-14 所示,从图中可以看到实际输出和预测输出比较接近,而且模糊神经网络训练绝对误差在(-1,0.8)这个区间,这个误差对综合评价定性没有直接影响,完全满足评价需求。

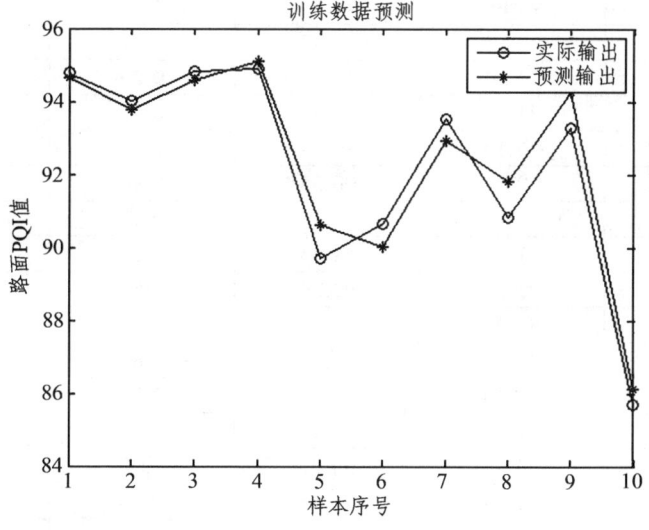

图 4-13 模糊神经网络评价训练曲线

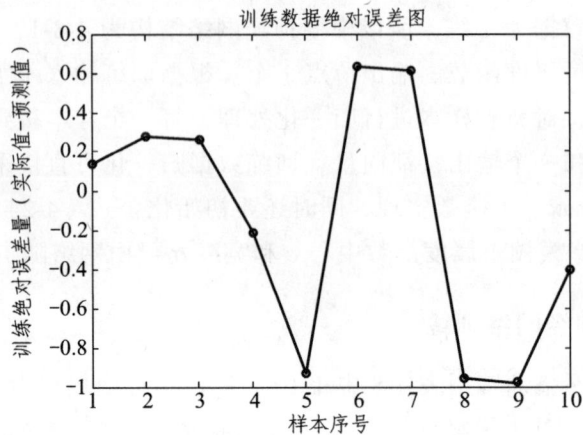

图 4-14 模糊神经网络评价训练绝对误差

4. 模糊神经网络综合评价

将表 4-5 中 16 条路段数据输入训练好的模糊神经网络进行路面综合性能评价，则可得到各路段的综合评价输出值，网络评价结果如表所示，综合评价等级如图 4-15 所示。

表 4-5 基于模糊神经网络模型的路面使用质量评价结果

指标路段	网络输出	期望输出	绝对误差	相对误差/%
1	94.60	94.77	0.17	0.18
2	93.82	94.03	0.21	0.23
3	94.54	94.83	0.29	0.31
4	94.95	94.90	0.05	0.05
5	90.38	89.70	0.68	0.75
6	90.21	90.65	0.44	0.49
7	92.92	93.53	0.61	0.66
8	91.83	90.83	1.00	1.09
9	93.98	93.29	0.69	0.73
10	85.92	85.72	0.20	0.23
11	91.41	89.53	1.88	2.06
12	93.30	92.54	0.76	0.81
13	94.28	93.37	0.91	0.96
14	94.97	94.96	0.01	0.01
15	92.04	92.52	0.48	0.52
16	93.32	93.01	0.31	0.34

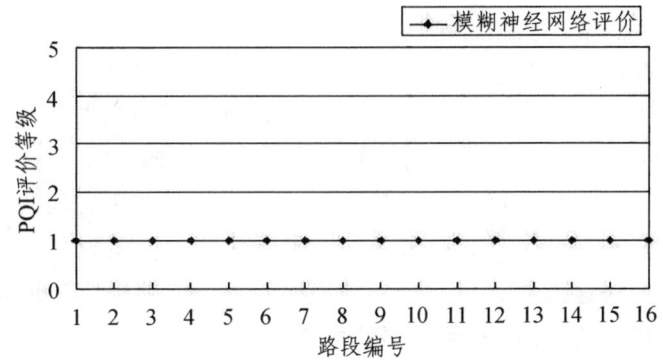

图 4-15　综合评价等级划分图

5. 结果分析

网络评价结果和期望计算值进行比较如表 4-5 所示，从表中可以看见期望计算值与网络的评价误差最大值为 1.88，路面评价相对误差也比较小，始终控制在 2.1% 以内，不会影响路况的评价等级，试验仿真结果证明了模糊神经网络模型评价的精确性和有效性，并且该模型随着检测样本数据的递增，路面质量评价的致密性和稳定性也会进一步提高。根据《高速公路养护质量检评方法》综合评价值分为 1~5 级，模糊神经网络综合评价等级划分如图 4-15 所示，其网络评价值 1、2、3、4、5 分别对应高速公路路面使用性能评价标准（百分制）的优、良、中、次、差，通过图 4-15 可以直观的掌握高速公路路面性能综合状况，便于对不同路段的路况作相对比较，有利于在面对大量的维修路段时准确地做出决策。

6. 构建模糊神经网络评价模型的意义

模糊神经网络是一种寻求主客观信息综合指标函数关系的方法，是将新数学方法应用在不同实测分项指标的综合，由于模糊神经网络的优点决定了这种新型计算模型对综合评价函数有着积极的创新意义：

①创新了综合指标的评价方法

现有路面性能综合评价中包含很多主观和客观信息，采用常规方法无法准确地表达这些函数形式的相互映照，但是模糊神经网络的非线性对应的突出特点，显示出比回归分析法等的建模有更实际的价值。

②模型的指标没有数量限制

模糊神经网络模型的另一优点，就是模型函数所包含的指标数目，不受处理方法的限制。输入层的变量数 n 可根据数据补充很容易地实现重新训练网络，从而得到更符合实际的映照关系，并且输出层单元数 m 同样可以包含多个，也就是求解 n 维客观数据同 m 维主观结果之间的对应关系，这对于路面管理系统的评价有着重要的参考价值和借鉴意义。随着高速公路路面管理的快速发展，采用模糊神经网络模型能够很容易地获得与实际状况符合性较好的路面性能综合指标。

4.5 本章小结

（1）路面状况评价是路面管理的一个重要过程，同时它是路面管理系统的必要的功能模块，是进行路况预测、优化对策的基础。

（2）目前我国各地高速公路养护检评存在较大差异，因而有必要进一步改进高等级公路相应的评价模型。通过建立符合我国高速公路路面性能的评价模型，为将来建立适合高速公路的路面管理系统奠定基础。

（3）公路路面性能的评价可分为单项指标评价和综合评价。路面的单项指标评价是在路面的宏观分类的基础上，从路面质量的各个方面对路面进行评价。路面性能的综合评价是为了使各路段的路面状况具有可比性而建立的一种对路面质量的总体评价。路面性能综合评价首先要进行单项指标评价，单项指标是路面使用性能综合评价的依据，是综合评价研究工作的重要基础。

（4）在对高速公路使用性能评价方法研究的基础上，以沥青混凝土路面养护实际检测中采用的路面破损状况、行驶质量、强度及安全四个单项评价为基础，建立基于模糊神经网络的路面使用性能综合评价模型以满足实际的高速公路养护管理评价工作的需求。

第 5 章 高速公路路面使用性能预测

20世纪60年代在AASHTO试验研究中，首先提出了路面性能预测的概念。为了能够进行寿命周期费用分析和提供养护计划，就必须预估在路面进行新建、加铺或是其他养护与改建措施完成后，其路面使用性能随时间或者轴载作用次数发生变化的规律，用以确定路网中各路段的维修需求年份。建立路面性能预测模型，就是根据当前年份的路面性能指标预估路面使用性能的各项指标在相异的外部条件下，根据时间的变化规律建立形成的关系式。路面性能预测模型对路面管理系统而言是很重要的一项组成，并且通过路况预测可以达到对策优化，实现养护资金及其资源最优利用的管理目的。

图 5-1 显示了如何对某存在路段进行路面性能衰减评估预测，以及在维修需求年份内，各种不同的维修方案对路面性能的影响[49]。

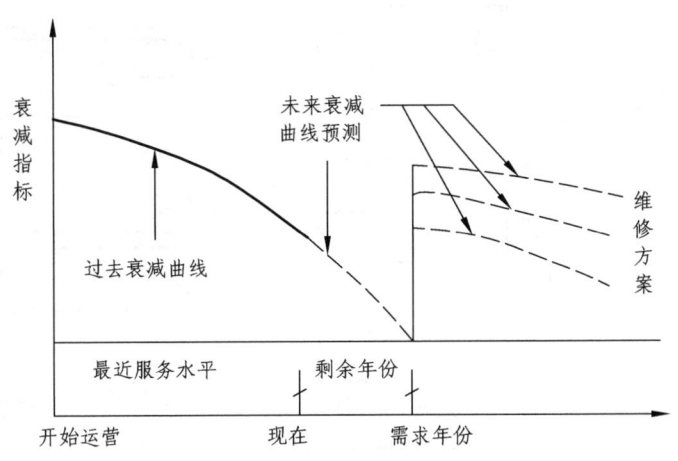

图 5-1 路面性能衰减预测曲线

我国地域广大,各个不同区域的环境因素、经济因素等都有着非常大的差别,路面结构性能从运营后会一直受到自然环境与车辆荷载等因素作用,因此有必要建立一套能够较好符合实际情况的路面使用性能预测模型。

5.1 路面使用性能影响因素研究

构建路面性能预测模型的基础就是对造成路面状况变化的主要原因做进一步的分析。预测模型不可能包括全部影响使用性能的因素,因此针对主要因素的分析可以帮助建立最佳的性能预测模型。路面使用性能影响的因素一般情况下主要有路面类型、气候条件和工程因素等,具体分类如图5-2所示。

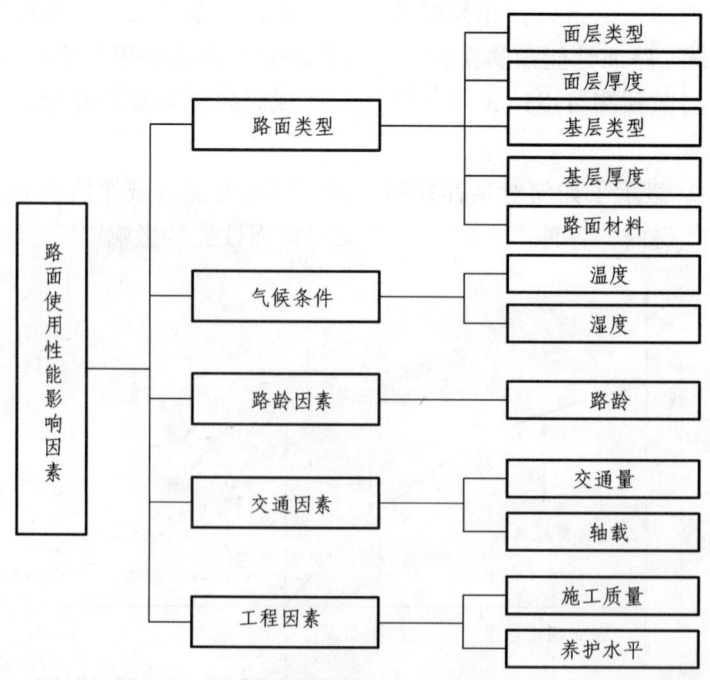

图 5-2 路面使用性能影响因素

1. 路面类型

路面类型包括面层类型、面层厚度和路面材料特性等。由于不同的路面类型所体现的路面性能差异较大,路面性能预测模型通常以路面结构类型为主要依据进行建立。

2. 气候条件

气候因素包括温度和湿度。温度直接影响沥青混合料的相应蠕变性能,这就是车辙与某些裂缝产生的原因。湿度会对路基的承载力造成影响,并且降低路面的结构强度。在降水量比较大或者冬夏温差比较大的冰冻地区,由于天气的原因,路面状况极易导致路面变坏。气候条件对路面性能的影响,可以根据气候分区或者气候指标具体考虑,实际可参考我国现行的《公路自然区划标准》来进行区划。

3. 路龄因素

路龄是指现在到路面新建、改建或最后一次大、中修的时间。伴随路龄的增加,路面极易产生疲劳破损,路面材料也会慢慢地发生老化。路龄经过环境和交通量相关的因素发生相互作用,对平整度产生较大的影响。大多数确定型预测模型和概念型预测模型都将路龄当作一项十分重要的参考依据。

4. 交通量与轴载

交通量是导致路面疲劳破损以及路面结构能力大幅降低的直接原因。交通量与轴载因素对路面状况恶化会产生很大的影响。在相同的条件下轴载和交通量相对越大,路况恶化情况也相对越严重。

5. 工程因素

工程因素包括道路建设质量和养护维修质量。施工质量由施工时的技术水平、施工工艺和机械设备等因素决定。由于这些因素复杂多变并且难以量化,可以按地区建立路面性能模型以反映当时施工质量的情况。道路的养护水平将决定其使用寿命,道路维修情况较好就可以延长路面性能衰减。

5.2 路面使用性能预测方法研究

路面性能预测模型主要分为确定型预测模型和概率型预测模型。确定型模型用于路面寿命或使用性能指标的预估。确定型预测模型主要从结构性能、功能性能和使用寿命等方面考虑，包括力学预测模型、经验型预测模型以及力学-经验预测模型等。概率型模型则是对各种指标的状态分布进行预估，主要包括残存曲线、马尔可夫模型和半马尔可夫模型等。

5.2.1 确定型预测模型

确定型模型通常指在给定条件下，预测模型求出的结果是唯一的。确定型模型的一般常用的表达方式有直线、S型曲线和负指数曲线等。

1. 力学预测模型

力学预测模型（Mechanistic Model）是在弹性理论或者黏-弹性理论模型基础上，经过结构分析获得路面在荷载作用下的应变、应力或者位移方程，其模型的实际参数可根据试验进行确定。虽然力学模型有非常可靠的理论根据，然而其计算相对复杂，并且只能建立与路面应力、应变或弯沉等有关的模型，所以其在路面性能预测中未能完全应用。

2. 力学-经验预测模型

力学-经验预测模型（Mechanistic Empirical Model）用于预测路面的使用寿命和结构性能，而且可以通过路面反应进行功能性预测。力学-经验法模型是理论计算（结构分析）和实测数据之间的经验关系的建立。模型的形成和变量的引入能够依据专业知识进一步确定，但是参数值是由使用性能实测数据利用回归分析和结构详细分析求得的。应用力学-经验法建模，就必须对应力、应变以及位移量具体分析，并且要全面考虑到交通、自然环境与材料的变化。使用这类方法的计算工作量是非常大的，但是有非常好的外推性能。

3. 经验回归预测模型

经验回归预测模型（Empirical recursive Model）一般利用回归分析方法，该模型主要是根据检测数据确定主要影响变量，进而建立公路路面使用性能预测模型。经验回归预测模型结构简单，易于更新，具有较明显的优势。

最有代表性的经验型模型有美国空军在 PAVER 系统中依照回归法来逐步的建立的路面状况指数预测模型；明尼苏达运输部在 20 世纪 80 年代中期也针对路面破损以及服务性能指数 PSI 开发了此类路面性能预测模型。

我国 CPMS 中采用的是一种较为简单的经验预测模型，考虑三个模型形式：分阶段、复指数曲线和修正 S 曲线。PCI 的修正 S 曲线预测模型见式（5-1）。

$$\mathrm{PCI} = \mathrm{PCI}_{\mathrm{MIN}} + (\mathrm{PCI}_{\mathrm{MAX}} - \mathrm{PCI}_{\mathrm{MIN}})/\left[1 + \mathrm{Exp}(\alpha_0 t)\right] \qquad (5\text{-}1)$$

式中，t 为路龄；$\mathrm{PCI}_{\mathrm{MAX}}$、$\mathrm{PCI}_{\mathrm{MIN}}$、$\alpha_0$ 为参数。

5.2.2 概率型预测模型

影响路面性能变化的因素较多，如荷载、气候和交通量等都具有不同程度的影响，导致路面性能变化的速率具有不确定性。由于确定型模型不能够根据实际情况反映使用性能变化的不确定性，因此不可能得到较可靠的预测，所以可以采取概率型预估模型，其中包括残存曲线模型和马尔可夫模型等，相对而言运用的较广泛的是马尔可夫模型。

1. 残存曲线模型

残存曲线模型指路网内已使用若干年，但不需要大修或者改建道路的残存比例依据时间形成的曲线，残存曲线能够用做设计路网内路面的养护及其改建方案。

2. 马尔可夫模型

马尔可夫模型表示同一路面性能（如 RQI、PCI 等）从一种状态转到另一种状态所形成的概率。模型的优点就是注意到了路况预测的不确定性,其不足之处就是模型对状态转移概率做预测,比不上对路况指标做预测直观。

其具体建模的步骤如下:第一,选择路面性能变量,定义路况状态,确定初始量;第二,依据相应养护与改建措施提出对应的转移概率矩阵;第三,根据转移概率矩阵进行预测某个时段某种路况状态的准确概率。

3. 半马尔可夫模型

马尔可夫模型与半马尔可夫模型唯一的区别是在假设条件,半马尔可夫模型的转移过程仅在某一小时段内是静态的,然而马尔可夫模型设定建模中整个转移的过程都是静态的。半马尔可夫模型考虑路面状况、气候和交通的变化都能引起转移过程的改变,这样更加接近于现实的变化。

5.2.3 其他预测模型

灰色系统模型是把所有随机变化量看成在一定范围内发生变化的灰色量,通常采用累加生成的方法,可以把杂乱无章的初始数据生成规律性较强的数据列。如果采用灰色模型 GM(Grey Model)微分方程进行路面使用性能单一指标的预测,其微分方程的时间响应函数就是所求的灰色预测模型,然后对此模型的精度以及可信度做进一步检验和修正,就可以利用此模型预测路面使用性能状况。以上不同方法建模的对比情况见表5-1[50]。

表 5-1 路面性能预测模型对比

方法\项目	历史数据	技术分析	计算量	信息利用	因素考虑	专家经验
力学模型	少	多	很大	不足	单一	少
力学-经验模型	少	多	很大	不足	单一	少
经验回归模型	多	较多	小	充足	较多	少
马尔可夫模型	多	少	小	充足	多	多
灰色理论	多	少	小	充足	多	多

通过预测模型的对比可以看出，以上各种模型在实际运用中，都有自身的不足，不能得到较为可靠的预测值。随着人工智能技术的飞速发展，很多的新技术逐渐地运用到路面使用性能预测模型，例如人工神经网络模型通过模拟人类的思维，并根据历史资料，具有自适应、自组织和自学习的能力，对复杂预测问题能够提供实时的解答，在路面性能预测中具有很好的应用前景，因此本文将采用人工神经网络技术进行路面性能预测。

5.3 基于 BP 神经网络的路面性能预测

人工神经网络（Artificial Neural Network）一般定义为：由很多简单的高度互相关联的处理元素（神经元）所组成的较复杂的网络计算系统。这主要基于现代神经科学研究成果基础上提出的，反映了人脑功能的很多的基本特征，它具有内部自我组织和自我学习能力，能够不断地适应外部环境并模拟人类的思想和判断的过程。神经网络有两个方面和人脑非常相似：其一，神经网络得到的知识是从外界环境中学习了解到的；其二，互联神经元的联接强度，也就是突触权值，它的功能用做存储获取得到的知识。

神经网络的种类很多，而 BP 网络是神经网络模型中使用最广泛的一类。与其他传统预测模型相比，BP 神经网络有更好的适应性。将 BP 神经网络运用于建立路面使用性能预测，可以实现通过历史数据分析其中的规律并进行预测，而且预测时不需要专家经验或专业的知识，BP 神经网络的大规模并行分布式结构可以有效地解决一些复杂的预测问题。

5.3.1 BP 神经网络预测的原理

目前在预测领域，很多学者将复杂的神经网络如 BP、CP、ATR 等网络，应用于预测研究中。BP 网络在理论上已经具有逼近任意非线性连续函数的能力，并且结构简单，易于编程实现，在非线性函数建模中得到了较为广泛的应用。RobertHceht Nielsen 于 1989 年证明了三层的 BP 网络可以任意逼近闭区间内的一个连续函数[110]，只要三层 BP 网络的隐层单元足够多，利用扁平激励函数或线性多项式集成函数，就能够逼近任意函数映射。BP 神经网络进行系统预测的基本原理是：首先要建立一个神经网络，依据一定的历史数据进行训练神经网络，再通过神经网络的自学习以及自适应进行调整网络的连接权的权值，去达到预测对象和预测变量间的非线性关系，不同的因子的权重隐含在神经网络的权值中，而不需要人为进行干预。通过训练后的神经网络找出蕴含在样本中的非线性映射关系，并且根据权值的分布形式进行储存。在最后预测阶段，通过向神经网络输入与训练集数据（非样本）结构相似的预测变量数据，该网络就能够完成从输入的预测变量到输出的预测对象的任意非线性映射，所以可以正确地描述无法用数学关系来直接描述的预测变量与对象之间的规律。

  BP 反向传播网络一般由三层构成：输入层、隐含层和输出层。前一层的输出都与后一层单元的输入相连接，层中的单元没有连接。三层结构 BP 网络具有很强的映射能力，三层 BP 网络拓扑结构图如图 5-3 所示。BP 反向传播网络的结点是非线形单元，它采用了广义的网络学习规则。BP 算法是一种监督学习的过程，它根据给定的样本学习，通过网络连接权值的调整，体现学习的效果。

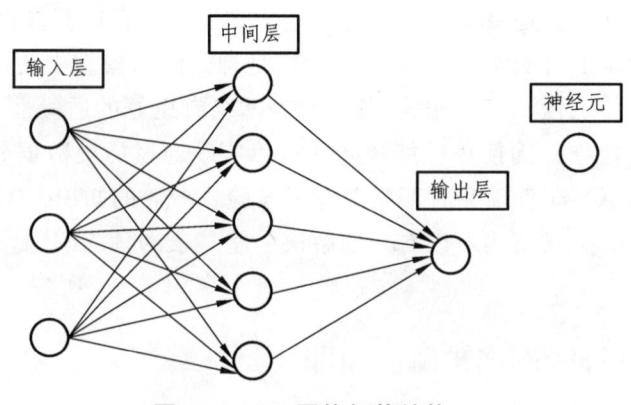

图 5-3 BP 网络拓扑结构

5.3.2 BP 神经网络算法

  BP 学习算法其基本思想是利用最小二乘法，采用非循环多级网络的训练算法。通过梯度搜索方法，可以让网络的实际输出值和期望输出值间的误差达到最小。实际上，网络学习过程就是一种误差边向后传播边修正权系数的过程，在这一过程中，包涵了两个阶段，有正向和反向传播。前者在传播过程中，输入信息从输入层经过隐含层慢慢地进行处理，每一层神经元的状态能够对下一层的神经元的状态产生一定的影响，并传向输出层，在这一层若得不到期望的输出，那么进行反向传播，把误差信号根据以前的连接通路返回，再经过修改不同层神经元的权值，从而让误差最小。

下面是以三层网络来推导的有关算法：设定网络的输入层、隐层、输出层这三个层的节点数分别是 n、m、k 的话，那么输入样本总数可以为 P，x_{Pi} 则表示第 P 个样本的第 i 个输入值，y_{Pj} 表示第 P 个样本的隐层第 j 个节点进行输出的，o_{Pl} 表示第 P 个样本的输出层第 l 个节点进行输出的，v_{ji} 表示输入层第 i 个节点到隐层第 j 个节点的权值，w_{lj} 表示隐层第 j 个节点到输出层相关的第 l 个节点权值，t_{Pl} 表示的就是输出层第 p 个样本中第 l 个节点的期望能够输出。

1. 正向的进行传播的过程（计算网络各层的输出）

$$y_{pj} = f\left(net_{Pj}\right) = f\left(\sum_{i=0}^{n} v_{ji} x_{Pi}\right), j = 1, \cdots, m \tag{5-2}$$

式中，$net_{Pj} = \sum_{i=0}^{n} v_{ji} x_{Pi}$，$x_{p0} = -1$，$v_{j0}$ 为阀值。

$$o_{Pi} = f\left(net_{Pl}\right) = f\left(\sum_{j=0}^{m} w_{lj} y_{Pj}\right), l = 1, \cdots, k \tag{5-3}$$

式中，$net_{Pj} = \sum_{i=0}^{n} w_{ji} y_{Pi}$，$y_{P0} = -1$，$w_{j0}$ 为阀值。

在上式中，激励函数选取 $f(x) = \dfrac{1}{1+e^{-x}}$，其导数为 $f' = f(1-f)$。

$$E_P = \frac{1}{2} \sum_{i=1}^{n} \left(t_{Pj} - o_{Pi}\right)^2 \tag{5-4}$$

$$E = \sum_{P=1}^{P} E_P = \frac{1}{2} \sum_{P=1}^{P} \sum_{i=1}^{n} \left(t_{Pj} - o_{Pi}\right)^2 \tag{5-5}$$

2. 反向传播过程（调整网络输入层的权值）

$$\Delta w_{lj} = -\eta \frac{\partial E}{\partial w_{lj}} = \eta \sum_{P=1}^{P}(-\frac{\partial E}{\partial w_{lj}}) = \eta \sum_{P=1}^{P}(-\frac{\partial E_P}{\partial net_{Pl}} \cdot \frac{\partial net_{Pl}}{\partial w_{lj}}) \quad (5\text{-}6)$$

定义误差为 $\quad \sigma_{Pl} = -\frac{\partial E_P}{\partial net_{Pl}} = -\frac{\partial E_P}{\partial o_{Pl}} \cdot \frac{\partial o_{Pl}}{\partial net_{Pl}}$

$$\frac{\partial E_P}{\partial o_{Pl}} = \frac{\partial}{\partial o_{Pl}}\left[\frac{1}{2}\sum_{l=1}^{k}(t_{Pl}-o_{Pl})^2\right] = -(t_{Pl}-o_{Pl}) \quad (5\text{-}7)$$

$$\frac{\partial o_{Pl}}{\partial net_{Pl}} = o_{Pl}(1-o_{Pl})$$

于是得到 $\quad \sigma_{Pl} = o_{Pl}(1-o_{Pl})(t_{Pl}-o_{Pl}) \quad (5\text{-}8)$

则 $\quad \Delta w_{lj} = \eta \sum_{P=1}^{P}(\sigma_{Pl}y_{Pj}) = \eta \sum_{P=1}^{P} o_{Pl}(1-o_{Pl})(t_{Pl}-o_{Pl})y_{Pj} \quad (5\text{-}9)$

3. 隐层权值调整

$$\Delta v_{lj} = -\eta \frac{\partial E}{\partial v_{lj}} = \eta \sum_{P=1}^{P}(-\frac{\partial E}{\partial v_{lj}}) = \eta \sum_{P=1}^{P}(-\frac{\partial E_P}{\partial net_{Pl}} \cdot \frac{\partial net_{Pl}}{\partial v_{lj}}) \quad (5\text{-}10)$$

定义误差为 $\quad \sigma_{Pj} = -\frac{\partial E_P}{\partial net_{Pj}} = -\frac{\partial E_P}{\partial y_{Pj}} \cdot \frac{\partial y_{Pj}}{\partial net_{Pl}}$

$$\frac{\partial E_P}{\partial y_{Pj}} = \frac{\partial E_P}{\partial o_{Pl}} \cdot \frac{\partial o_{Pl}}{\partial net_{Pl}} \cdot \frac{\partial net_{Pl}}{\partial y_{Pj}} = -\sum_{l=1}^{k} \sigma_{Pl} w_{lj}$$

$$\frac{\partial y_{Pj}}{\partial net_{Pj}} = y_{Pj}(1-y_{Pj})$$

于是得到 $\quad \sigma_{Pj} = -\frac{\partial E_P}{\partial net_{Pj}} = \sum_{l=1}^{k} \sigma_{Pl} w_{lj} y_{Pj}(1-y_{Pj}) \quad (5\text{-}11)$

则
$$\Delta v_{lj} = -\eta \frac{\partial E}{\partial v_{lj}} = \eta \sum_{P=1}^{P}(-\frac{\partial E}{\partial v_{lj}}) = \eta \sum_{P=1}^{P}(\sigma_{Pj} \frac{\partial net_{Pl}}{\partial v_{lj}})$$
$$= \eta \sum_{P=1}^{P}\left(\sum_{l=1}^{k} \sigma_{Pl} w_{lj} y_{Pj}(1-y_{Pj})\right)x_{Pl} \quad (5\text{-}12)$$

BP 算法的计算流程如图 5-4 所示。

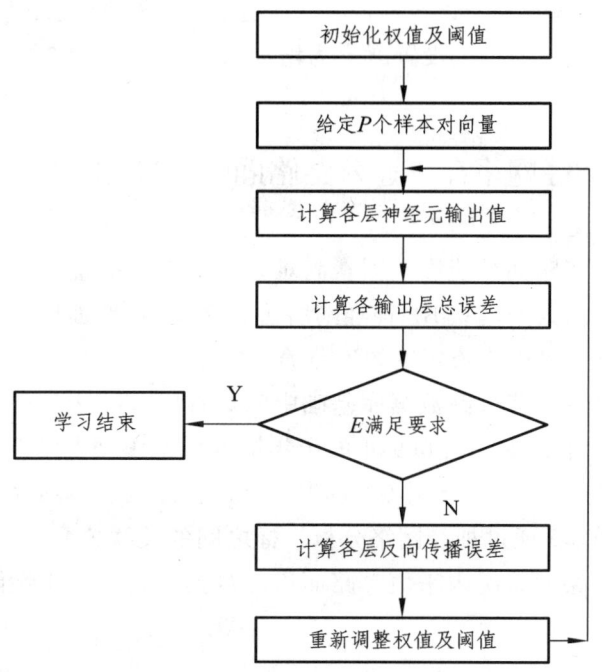

图 5-4　BP 算法流程

BP 算法实现具体步骤如下：

（1）对权值矩阵 w、v 赋予随机数进行初始化，把样本模式计数器 P 以及训练计数器 q 都可以设置为 1，误差 E 可以设置为 0，学习率 η 可以设置为 0~1 的数，通过训练后能够达到的一些最小精度 $E_{\min}$ 设置成为一个比较小的数。

（2）输入相应的训练样本时，根据公式（5-2）、（5-3）进行计算隐层以及输出层的相应输出。

（3）根据公式（5-5）计算网络输出总误包含 P 对练样本，由于网络对于不同的样本一般都会有不同的误差，可以把全部的样本的输出误差进行相应累加，当成系统的总误差 E。

（4）检查是否对全部样本完成了一次全面的训练，若 $q<P$，计数器 q 增加 1，返回步骤（2），否则就会进入步骤（5）。

（5）根据公式（5-8）、（5-11）计算出各层误差的信号；然后根据公式

（5-9）、（5-12）及时地调整每个层权值。

（6）检查这些网络总误差是否已经到达精度的相关要求，假如 $E < E_{min}$，训练结束，否则 q 的相关设置就会为增加1，返回步骤（2）。

5.3.3　BP 神经网络在高速公路路面性能预测中的应用

目前对许多路面性能影响因素尚难以做到准确的量化，利用路况检测历史数据和实测数据建立 BP 神经网络仿真模型，对路面性能的变化情况进行模拟和预测，可以为跨年度的道路养护资金需求提供参考。

本书通过以高速公路数据库基础中四川省内宜高速公路沥青混凝土路面的某条路段自 2004 至 2009 年的历年检测数据作为模拟检验数据，采用 BP 神经网络进行路面性能预测。首先把高速公路四个单项性能评价指标数据作为学习样本，通过神经网络分析指标之间的关联关系，再用 BP 模型算法预测今后的路面状况未来值。路面检测数据和路面使用性能的各项指标见表 5-2。

表 5-2　路面使用性能检测数据及评价指标

项目		2004 年	2005 年	2006 年	2007 年	2008 年	2009 年
检测数据	IRI	1.11	1.29	1.5	1.77	2.12	2.57
	SSI	1.65	1.62	1.6	1.57	1.53	1.48
	DR	0.17	0.19	0.22	0.26	0.32	0.41
	SFC	77.49	75.7	73.41	70.6	67.3	63.11
评价指标	RQI	97.08	96.85	96.56	96.15	95.54	94.62
	PSSI	99.70	99.65	99.61	99.55	99.44	99.28
	PCI	92.75	92.41	91.94	91.37	90.60	89.59
	SRI	99.58	99.47	99.27	98.92	98.31	97.03

从表 5-2 可以看出每一年的数据有 4 项路面使用性能检测及评价数据，

由于检测数据相邻年之间一般不会发生突变，因此后一年的值必然和前几年的值有紧密关联。所以这里将预测目标的前几年实际检测数据作为网络的样本数据。用 2004 年至 2007 年的评价指标数据作为训练网络的输入向量，以 2008 年的评价指标作为目标向量对神经网络进行训练，得到训练好的神经网络后，以 2005 年至 2008 年的评价指标数据作为测试数据预测 2009 年的评价指标数据，用 2009 年实际指标值和 BP 网络预测值进行比较，判断误差能否满足要求。

首先将表 5-2 中的评价指标数据作为网络的输入变量，为了便于网络的训练，将输入数据进行归一化处理。然后根据 BP 网络原理设计网络结构，将高速公路路面性能预测问题通过三层的 BP 网络实现，由于输入向量有 4 个指标值，所以网络输入层的神经元有 4 个，而目标向量有 1 个，输出层的神经元应该有 1 个，网络中间层的神经元传递函数运用 S 型正切函数为 tansig，其输出层的相关神经元传递的函数类型采用 S 型对数函数 logsig，通过编程运算得到如图 5-5 所示网络训练误差曲线。

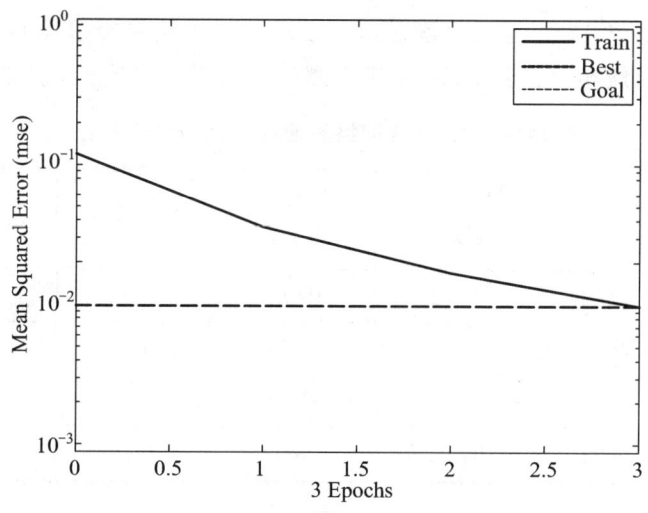

图 5-5　BP 神经网络训练误差曲线

如图 5-5 所示，经过 3 次训练后，网络误差已经达到最小。

在训练好网络后，以仿真函数 sim 来计算网络的输出，得到网络预测输出 Out=[0.6194　0.8272　0.0646　0.8293]，预测误差曲线如图 5-6 所示。

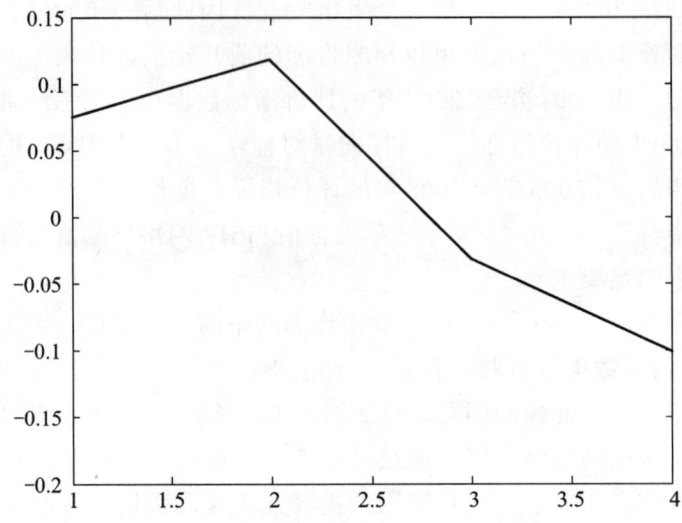

图 5-6　BP 神经网络预测误差曲线

如图 5-6 所示，网络的预测值和真实值的误差是比较小的，基本上都控制在[-0.1，0.11]，这完全满足应用要求。输出结果经过反归一化处理后得到 2009 的预测值，其与 2009 年实测指标的误差对比见表 5-3。

表 5-3　BP 神经网络路面性能预测数据对比

项目	时间	2009 年实测值	2009 年预测值	绝对误差	相对误差/%
评价指标	RQI	94.62	94.69	0.07	0.07
	PSSI	99.28	99.39	0.11	0.11
	PCI	89.59	89.55	0.04	0.04
	SRI	97.03	96.93	0.10	0.10

通过表 5-3 中的对比可以看出，采用 BP 神经网络模型预测方法，网络模型预测误差最大值为 0.11，预测相对误差最大为 0.11%，网络的预测值和检测值的误差是比较小的，这完全满足应用要求。随着输入历史检测数的增加，BP 神经网络对知识的泛化能力与再现能力会随着输入的正确信息量的增加而提高，因此采用 BP 仿真网络模型能够准确预测路面性能。

5.4 本章小结

（1）在建立路面性能预测模型时，必须对影响路面性能的相关因素进行分析，影响路面使用性能的因素通常有路面类型、气候条件、工程因素等。

（2）通过对已有的路面性能预测模型进行对比，发现在实际运用中，都有自身的不足，不能得到较为可靠的预测值，而路面性能预测的结果会直接影响养护策略的选取。

（3）在路面管理系统中，根据高速公路的历史检测数据和实际情况，建立能够自学习、自适应的基于 BP 神经网络的路面性能预测模型，通过网络仿真能够得到误差较小的路面性能预测值，可为跨年度的道路养护资金需求提供参考。

第 6 章 智能化多目标养护管理决策

美国在 20 世纪 60 年代的 AASHTO 的标准试验中提出了路面服务能力指数（PSI）的概念，首次将路面在一定时间内的性能进行了量化，由此决策模型在路面管理中开始得到应用。20 世纪 70 年代，北美开始研究应用现代化的路面管理技术，当时采用的决策模型为项目级工具，并可以配合工程师的经验来判断使用，但其缺点是每个工程费用的合计与实际资金水平有差距，也缺乏政策敏感性，且不能定量地考虑道路用户费用。随着经济分析方法在道路养护分析决策中的应用，寿命周期费用分析方法在大中修措施评价中得到应用，在这个时期常用的决策方法有两种：决策树和排序法。各种数学规划方法也得到应用[7]。近年来，随着人工智能技术的进一步成熟，智能算法开始应用于路面养护决策。

决策是为了实现某一特定目标，借助于一定的科学手段和方法，从两个或两个以上的可行方案中选择一个最优方案，并组织实施的全部过程。公路路面管理决策的核心内容是在有限资金的投入和政策等约束的条件下，找到最优养护策略，使路网效益目标达到最大化，或者能够在一定的路面使用性能要求和资源限制的约束下，寻找最优养护策略，可以让养护费用达到最小化[51]。

6.1 养护决策优化方法研究

目前路面管理决策的优化方法包括数学规划优化方法和人工智能优化

方法两大类。

6.1.1 数学规划方法

数学规划的优点是能对一切可行对策和实施时间的可能组合做进一步的搜索并且寻优，能够在规划期内求得最好的路面养护管理策略。数学规划的缺点就是当高速公路路面养护决策面对大规模的优化决策时，就较容易导致解的不稳定性，而且相应的运算时间也比较长，不可能满足现代高速公路管理机构对于整个路网进行全面的路面养护管理的需求。目前已用于路面管理决策的数学规划方法有线性规划、排序法、决策树、近似优化、动态规划和马尔可夫决策规划[7]。

1. 线性规划（Linear Programming）

线性规划是一种特殊的条件极值问题。线性规划的算法很多，整数规划作为一种特殊的线性规划问题，在路面管理系统中得到了进一步的应用，其优化目标函数形式主要是路网效益最大、养护费用最小和养护质量水平最高等，可选取某一路段是否采取养护措施当作 0-1 决策变量，在各种约束条件下建立线性规划或者整数规划模型，最后通过全枚举和隐枚举法进行求解。实际上，在所有的路网的决策优化过程中，决策优化要面临的是一个规模非常庞大的线性规划问题，从而导致求解计算十分缓慢。

2. 排序法（Ranking）

排序法是各个国家在路面养护决策中普遍采用的一个重要方法。在公路路面养护管理的工作中，由于受到养护资金的限制，很难满足整个路网全部路段的养护需求，因此就需要根据已有的标准对养护路段的重要性做出合理的排序，才能够为制定路面养护决策方案奠定基础。一般排序法就是先对养护的时间进行安排，或者是选择较合适的养护方案；其次根据资金预算的约束以及路段优先等级的安排，再制订一年或者多年的方案规划，如果是多年规划，则要建立路面使用性能预测模型。路面管理常用的排序的方法主要有按使用性能评价指数排序和按经济分析参数排序。

3. 决策树（Decision Tree）

决策树就是根据树的结构形式，考虑到道路等级、路况等种种影响因素，且在各种约束条件下，对整个路网进行分枝、细化，在每一个分枝的枝末得到项目养护对策。其最大的优点就是结果较为直观，还能够通过专家调查等方法，综合考虑相关工程师的经验，易于为养护工程师和各级管理人员所理解和接受。现在此种方法在我们国家公路路面养护决策中运用较多。其缺点主要是进行分枝时制订的标准不是很精细，同时对于一些问题过于绝对化，没有充分考虑到影响决策的全部因素[7]。

4. 动态规划（Dynamic Programming）

动态规划是由美国 R. Bellman 在 20 世纪 50 年代提出的，其理论基础是 Bellman 最优性原理和 Bellman 递推公式，该方法也是多阶段决策优化问题较有效的求解方法。对动态规划的求解思想大多数用的是逆序解法和顺序解法，具体的求解方法也是非常多的，如常规算法、状态轮换迭代法、微分动态规划法等。许多学者近年来又提出了动态规划的改进算法、并行算法和分层解法等新方法。动态规划在路面管理决策优化问题中得到了应用，路面养护资金分配的优化问题就变成了离散时间动态规划问题[52]。

5. 马尔可夫决策规划（Markov Decision Programming）

马尔可夫决策起源于 20 世纪 50 年代，在诸多工程领域得到了广泛应用。发展至今已形成有限阶段模型、半马尔可夫模型、非时齐与报酬模型等不同的形式模型。马尔可夫决策的核心是系统状态转移概率的确定，并进一步地找到其最优序贯决策，与动态规划相似强调系统状态转移规律的无后效性。在 20 世纪 80 年代美国亚利桑那州首先成功地将马尔可夫决策过程引入网级路面管理系统。

6.1.2 人工智能方法

随着社会的发展，实际问题越来越复杂，因此对于大规模问题，这些传统的数学规划方法很少能被真正使用。目前，智能算法作为启发式的搜索算法已被越来越多地应用在多目标决策优化问题。对于从那些大自然的运行规律或者面向具体问题的经验、规则启发出来的方法，人们称之为启发式算法（heuristic algorithm）。智能优化算法是一类通过模拟各种自然现象或过程建立起来的优化方法，和传统的数学规划方法相比，智能优化算法更适合求解复杂的多目标问题。智能算法有其自身的优点，首先智能算法能够同时处理一组解，并且可获得多个有效解；其次智能算法对 Pareto 解能很好地逼近非凸和不连续的最优前端。直到近代人们对优化算法的逐步重视，才掀起研究启发式算法的热潮，智能优化算法主要包括进化算法、粒子群算法、蚁群算法、人工免疫系统等。

1. 进化算法（Evolutionary algorithm）

进化算法是通过对生物体进化过程的模拟，把问题的解表示为染色体，染色体通过逐步的进化，最终得到最优解。进化算法包括遗传算法、进化策略和进化规则三大算法，其中遗传算法在多目标优化方面取得了良好成效。

遗传算法的基本思想来源于达尔文的进化论和孟德尔的遗传学说。遗传算法最早是由美国 Michigan 大学的 J.Holland 博士于 20 世纪 60 年代提出的。遗传算法主要是根据自然选择和生物进化思想受到的启发，并且将其用于高维空间中的智能搜索算法。GA 将问题的有关参数组成一个可行解代码（即染色体），从而构成一群染色体，将它们置于问题的环境中，根据适者生存的概念进行自然选择，从中选择出适应环境的染色体进行复制即再生（reproduction）、再通过交叉（crossover）、变异（mutation）两种基因操作产生出新的一代更能适应环境的染色体群，通过不断地进化，最后收敛到一个最适应环境的个体上，从而求得问题的最优解。遗传算法具有收敛速度快、计算时间短等优点，在多种领域如工程优化和人工生命等领域内有较广泛的应用。改进的遗传算法也层出不穷，其应用解决了很多的优化问题，是一种比较成熟的进化算法。

2. 粒子群算法（Particle swarm optimization）

粒子群优化（PSO）最早是由心理学研究人员 Kennedy 博士和计算智能研究人员 Eberhart 博士于 1995 年提出的，它源于对鸟群觅食过程中的迁徙和群居的模拟。粒子群算法起初是在对动物集群活动行为观察基础上，发现利用群体中的个体对信息的共享可以让整个群体的运动在问题求解空间中产生从无序到有序的演化过程，最终得到最优解。

粒子群算法和其他进化算法相似，也是根据对环境的适应度将群体中的个体移动到好的区域；与其他进化算法不同，它不对个体使用进化算子，而将每个个体看做是搜索空间中的一个没有体积没有质量的粒子，在搜索空间中以一定的速度飞行，并根据对个体和集体的飞行经验的综合分析来动态调整这个速度，通过不断的调整速度和位置，通过迭代搜寻最优值，粒子（潜在的解）在解空间追随最优的粒子进行搜索。

3. 蚁群算法（Ant colony algorithm）

蚁群算法是20世纪90年代由意大利学者M.Dorigo等人利用人类对自然界中真实蚁群的群集智能行为的启发提出来的，也叫做蚁群系统。蚂蚁算法（ACO）是源于大自然中生物世界的新的仿生类算法，它根据蚂蚁的行为特性，通过其内在的搜索机制，在许多困难的组合优化问题求解中取得了很好的效果。

昆虫学家观察和研究发现，自然界的蚂蚁有能力在没有可见提示的情况下轻易找出从其窝巢到食物源的最短路径，而且能随环境的变化而变化，通过适应性地搜索新的路径，不断地产生新的选择。由于蚂蚁在寻找食物源时，能在其走过的路径上释放一种蚂蚁特有的分泌物——信息激素（pheromone），使得一定范围内的其他蚂蚁能够觉察，当一些路径上通过的蚂蚁越来越多时，其留下的信息激素也越来越多，随着信息素强度的增大，后来蚂蚁选择该路径的概率也越高，这种选择过程被称为蚂蚁的自催化行为。在这个过程中每只蚂蚁都能够找出一个解，但很可能是较差解，蚁群中的个体同时建立了很多不同的解决方案，通过群体中所有个体之间全局相互协作，从而可以找出高质量的解。

4. 人工免疫算法（Artificial immune algorithm）

1974年，英国Jerne提出的独特型免疫网络模型，开启了人工免疫系统研究的序幕。生物免疫系统是一个具有复杂的抗病原生物体机理的独特系统，免疫系统的目标是识别所有体内的细胞（或分子）并区分是"自身"还是"非己"的，而"非己"的细胞被进一步分类以构造防御机理的合适种类。免疫系统通过进化学习辨别危险的外部物体（细菌、病毒等）和体内自身的细胞与分子，通过从不同种类的抗体中构造自身非己的非线性自适应网络，在处理动态变化环境中发生作用。

人工免疫系统模仿自然免疫系统功能，它是受生物免疫系统的启发，实现学习外界物质的自然防御机理的学习技术，从计算的角度看，生物免疫系统是一个高度并行、分布、自适应和自组织的系统，具有很强的学习、识别、记忆和特征提取能力。人工免疫系统是通过借鉴免疫系统机理特点和功能而提出的智能系统，具有广泛的应用和理论基础。

6.2 多目标优化研究

一般最优化问题（optimization problem）是由目标函数（objective function）和约束条件（constrains）组成的，其表达式如下：

$$\text{Minimize } f(x) = f(x_1, x_2, \cdots, x_n)$$

$$x = (x_1, x_2, \cdots, x_n) \in S \subset X$$

式中，把满足所有约束条件的解空间 S 称作可行域（feasible region），可行域中的解称作可行解（feasible solution）。在可行域中，能够让目标函数值最大（或最小）的解就是最优解（optomal solution）。

所谓"优化"，抽象地说，就是从一个问题可行的解决方案中找到最好或较好的解决方案。在路面管理系统中，通常需要考虑在现有资金投入的情况下，能够使现有路网在分析期内保持良好的服务状态，以便为公路使用者提供较好的服务。如果把在路面使用期内所做的养护看成是一种投入，那么路面在养护后的使用性能或服务水平，就是在这种投入下所得到的收益。要实现对路网有效的管理，本质上就是一个追求投资费用最小和养护效益最大的多目标优化问题。

6.2.1 多目标优化

最优化处理的是向量目标函数,或许仅有一个或许更多个,若只假定只有一个目标函数的情况,我们就叫作单目标优化问题。除此之外,假定存在的目标函数不是一个而是多个需要同时解决的,就叫作多目标优化问题(Multi-objective Optimization Problem,MOP)[53],也就是多准则优化问题(Multi-criteria Optimization Problem)。

单目标的优化问题的可行解集合通常根据其唯一目标函数进行确定方案之间的优劣关系,单目标优化问题通常可表述为下面的形式:

$$\text{Min } y = f(x) \tag{6-1}$$

$$\text{s.t. } g_i(x) \leq 0, i = 1, 2, \cdots, m$$

式中,$f(x)$是目标函数;$x \in R^n$是带有n个决策变量的向量;$g_i(x)$是m个不等式约束函数中的第i个约束函数,并且它们构成了可行解区域。单目标优化的最优解通常用S来表示,表示如下:

$$S = \{x \in R^n \mid g_i(x) \leq 0, i = 1, 2, \cdots, m\} \tag{6-2}$$

但是在科学实践、工程设计和经济发展中的很多问题通常都是由相互冲突的多个目标组成。设有n个优化目标,且这n个优化目标可能是相互冲突的,通常一个多目标优化问题则可以表示如下:

$$\text{Min } y = f(x) = [f_1(x), f_2(x), \cdots, f_n(x)] \tag{6-3}$$

$$\text{s.t. } g_i(x) \leq 0, i = 1, 2, \cdots, m$$

式中,$x = [x_1, x_2, \cdots, x_n]^T$,是一个$n$维向量,称为决策向量;$f(x)$是多目标函数;$g_i(x)$是$m$个不等式约束函数中的第$i$个约束函数。最终求解$x^* = [x_1^*, x_2^*, \cdots, x_m^*]^T$,使$f(x^*)$在满足约束条件的同时能够达到最优。

多目标的优化是近 20 多年来发展起来的一门新兴学科,多目标优化一般描述为解答出一个决策变量向量,需要满足全部的约束条件,而且能够让全部的目标函数组成的向量达到最优化,但是这些目标函数间一般情况下又存在互相矛盾。多目标的优化也就是求取所有目标函数之间的一种均衡(trade off)关系,并使得所有目标函数值满足一个或多个约束条件。多目标优化的结果并不像单目标优化的结果是单个解,而是一组均衡解,即所谓的 Pareto 最优解。

6.2.2 非支配解与偏好结构

多目标优化问题与单目标优化问题的差异很大。在单目标优化中,人们寻求最好的解,这个解比其他所有的解都要好。在多目标优化中,由于存在目标之间无法比较和冲突的现象,所以不一定在所有目标上都是最优的解。

对于多目标优化时,由于通常存在的一系列无法简单进行相互比较的解,这种解被称作 Pareto 最优解(Pareto optimal solution)或非支配解(Nondominated solutions)。这类支配解的特点是:无法在改进任何目标函数的同时,削弱至少一个其他目标函数。对于一个给定的判据空间 Z 中的非支配解,它在决策空间中的原象点被称作有效的(efficient)或非劣的(noninferior)。S 中的一点是有效的,当且仅当它的象在 Z 中是非支配的。如图 6-1 所示的是多目标优化问题的解集空间示意图,在 Pareto 最优优集的每个解都是多目标规划问题的一个非劣解。

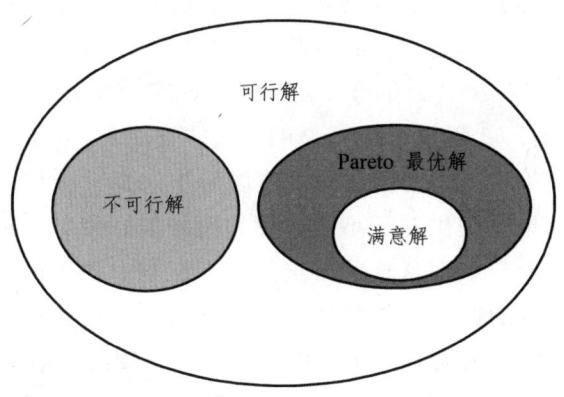

图 6-1　多目标优化的解集空间示意图

法国经济学家 V. Pareto（1848—1923 年）最早研究经济领域内的多目标优化问题，他的理论被称为 Pareto 最优性理论，Pareto 最优解是 V. Pareto 于 1896 年提出的，多目标优化问题需要优化一组费用函数，其解不是单一点，而是一组点的集合，称之为 Pareto 最优集。

解决那些多目标优化的核心就是在各子目标之间进行相应的协调以及折中的处理，找出那些使各目标函数能够尽量达到相对来说比较大（或比较小）的最优解集的话，可以使各子目标函数能够尽最大可能地达到最优。所以，多个目标优化的过程中，经常会存在一些无法简单地进行相互比较的一些解。多目标优化问题不存在唯一的全局最优解，而是存在多个最优解的集合，下面是对 Pareto 最优解的相关定义[54-55]：

定义 1　设一个集合为 P，大小一般为 n，P 中的每个个体一般都是 r 个属性，$f_i(x)$ 是其中每个属性的评价函数，$i=1, 2, \cdots, m$，P 中的一些个体之间的关系定义可以表示为：

（1）支配关系：$\forall x, y \in P$，若 $f_i(x) \leqslant f_i(y)$，$i=1, 2, \cdots, m$，且 $\exists k \in \{1, 2, \cdots, m\}$，使 $f_i(x) \leqslant f_i(y)$，则称 x 支配 y，表示为 $x \succ y$。这时称 x 一般为非支配的（non-dominated），y 一般为被支配的（dominated），其中 " $\succ$ " 一般是支配关系。

（2）不相关：$\forall x, y \in P$，若 x 和 y 之间一般不会存在支配的关系，就可以称之为 x 以及 y 不相关或者说是无关。

定义 2　对于那些给定的个体，即 $x \in P$，若不 $\exists \in P$，使 $y \succ x$，则 x 就可以称之为集合 P 的非支配个体内容。有所有 P 的个人的非支配个体组成的一些集合，可以称之为 P 的一些非支配集。

定义 3　假定 Nds 是 P 的非支配集，$\forall x \in P$，若 x 是 P 的非支配个体，一定要有 $x \in Nds$，就叫作 Nds 时 P 的最大非支配集。

在实际的决策中，通常需要从非支配解中选择一个作为给定问题的最终解。然而，如果不提供对于不同目标的附加偏好信息，很可能无法从解中进行选择。因此，如何从这些可选的非支配解中作出最后的选择，本质上依赖于个人主观的偏好。从概念上讲，偏好（preference）通过采用某人对目标的价值判断，来对有效集合中无法进行比较的解给出排序（order）。偏好反映了某人根据对问题事先掌握的知识，对所有目标进行的折中或者对某个目标进行的强调。给定了偏好，就可以对非支配集中的可选解进行排序，然后获得最终解，这就是通常决策过程的结果。这个最终解称为最优妥协解（best-compromised solution）。

偏好通常由二元关系来表示，二元关系（binary relation）就是一组有序对。对于一组给定的 u 和 v，可能且尽可能发生下面的一种关系：

（1）u 比 v 好，或对 u 的偏好大于 v，用 $u \succ v$ 表示；

（2）u 比 v 差，或对 u 的偏好小于 v，用 $u \prec v$ 来表示；

（3）u 与 v 相当，或 u 与 v 同等偏好，用 $u \approx v$ 来表示；

（4）u 与 v 之间的偏好关系没有定义，用 $u?v$ 来表示。

其中符号 $\prec, \succ, \approx, ?$ 是定义比较和关系的算子。

6.2.3 多目标优化求解方法

多目标优化问题与单目标优化问题有本质的区别，因此优化求解的方法也有很大的差别。在多目标函数的优化问题中，目标函数 $f_1(x), f_2(x), \cdots, f_n(x)$ 的优化往往存在相互矛盾，甚至有时还会产生对立的情况，不能期望它们的极小点重复在一起，即不能同时达到最优解。这就要求我们在不同的目标函数的最优解间能够适当地"让步"，并且能够通过协调求得整体最优的方案。多目标优化不能像单目标函数优化，根据这些简单的比较函数值大小的方法来找出最优解。因此，多目标函数的优化问题一般情况下比单目标函数的优化问题复杂。

多目标优化发展到今天，已产生了较多的求解方法，多目标优化决策过程希望能够获得妥协解或偏好解，或者确定所有非支配集。因此，目前主要存在两种多目标优化问题的求解方法：

1. 基于偏好的方法（preference-based approaches）。

大多数传统方法将多个目标减少为一个，然后用数学规划工具求解问题。为了用数学规划工具来求解多目标问题，首先需要用数字的形式来表明偏好，数字越大，偏好越强。传统的多目标优化方法即把多目标转化成非常容易求解的带修正系数的单目标函数，其实质是通过单目标的方法来求解多目标，系数由优化方法自适应调整或人为决定。一些优化方法会使用不同的系数来实施动态优化，可以获取近似的 Pareto 最优解集。由于目标转化的原理有一定的差异，可以分成下面几种方法：加权法、约束法、极小极大法和目标规划法等。

（1）线性加权法

线性加权法就是把目标函数进行分配不同的权重，然后加起来形成一个的单目标优化问题。

$$\text{maximize} \quad y=f(x)=w_1f_1(x)+w_2f_2(x)+\cdots+w_kf_k(x) \quad (6\text{-}4)$$

$$\text{subject to} \quad x\in X_f$$

式中，w_i 是权重，一般情况下 $\sum w_i=1$。给予不相同的权重值就会有不同的结果，怎样确定权重是关键问题，因此用各种不同的权重的计算，则优化问题就能够得到一组解。假如全部权重都取正值，加权法可能得到一些 Pareto 最优解，却不可能在非凸性的均衡曲面上得到所有的 Pareto 最优解。此外，还需要决策者从这些可行解中依据自己的要求进行最优选择。

（2）约束法

约束法是在多个目标中选定一个作为主要目标，把 k 个目标中剩余的 k-1 个目标作为约束条件，这样选定的主要目标也就成为单目标优化问题的目标函数。约束法的计算公式如下式：

$$\text{maximize} \quad y=f(x)=f_h(x) \quad (6\text{-}5)$$

$$\text{subject to} \quad e_i(x)=f_i(x)\geqslant \varepsilon_i \ (1\leqslant i\leqslant k, i\neq h)$$

$$x\in X_f$$

使用约束法，必须先明确 ε_i 的适宜取值范围。ε_i 作为下界可选取不同的数值，以便找到多个 Pareto 最优解。但是无论 ε_i 如何取值，都会缩小可行区域的范围。如果可行域很难接近，那么约束法的效率将会变得非常之低。

（3）极小极大法

定义评价函数：

$$h[F(X)]=h(f_1,\cdots f_n)=\max_{1\leqslant j\leqslant n}\{f_j(X)\} \quad (6\text{-}6)$$

极小极大法多目标优化适合解互相矛盾的目标函数。

虽然有很多种经典的方法可求解多目标优化问题，但是多目标优化算法领域的主要研究方向还是集中在怎样求解问题的 Pareto 最优解集。经典多目标优化算法各不相同，但它们的共同点是将多目标问题转化为单目标问题来求解。但是从 Pareto 优化的定义："多目标问题应用一些折中的解簇来刻画，在缺少各个目标的相关信息时，每个目标必须被同等的考虑"[56]，所以对于传统的数学规划法主要是把单点搜索作为特征的串行算法，通过 Pareto 最优概念对解来评估几乎是不可能的。

2. 产生式方法（generating approaches）

产生式方法用于确定整个 Pareto 解集或近似解集。从求解方法(solution approaches)的角度出发，产生式方法在优化过程中不考虑目标之间的相互关系，通常没有偏好信息可供利用，多个目标函数是同时进行优化，而且通常用支配非支配的概念来区分非劣解和其他解。产生式方法最终会产生一系列的非劣解让决策者从中选择他们需要的方案。

产生式算法的优点是它可以有效地避免产生局部最优，同时它的推广性很强，鲁棒性很高。像粒子群算法、遗传算法等群体搜索算法是同时搜索可能的解，只要多目标优化问题的模型确定后，其非劣解集就是确定的，只需对问题进行处理一次即可，从而在一次运行中就可以得到 Pareto 解集。基于偏好的传统算法却往往要运行多次，一旦决策者的偏好有所改变，就必须根据新的偏好信息再次进行优化。此外，现代启发式算法对所求问题的 Pareto 阵面的形状和连续性并不敏感，这样的问题常常在现实世界中遇到，这样的性质显然更适合于处理实际问题。

（1）多目标遗传算法

用遗传算法求解多目标优化问题的一个特殊情况就是根据多个目标确定个体适应度。典型的适应度分配机制包括向量评价方法、基于 Pareto 的方法等，其中基于 Pareto 的多目标遗传算法是目前应用最广泛、最具代表性的一类多目标优化遗传算法。

遗传算法的基本流程是首先初始化种群，然后基于 Pareto 最优的概念对种群分类，按照分类评价种群中的个体并赋予适应度值，之后根据适应度按概率选择个体进行杂交和变异，生成新的种群，再次进行评价并循环下去直到满足收敛条件。

（2）多目标粒子群算法

粒子群算法（PSO）算法是一种优化计算技术，是受鸟群等生物群落的防御、猎食行为中的搜索策略启发而形成的，是由美国学者 Kennedy 和 Eberhart 在 1995 年提出的。PSO 算法的运行机理不是依靠个体的自然进化规律，而是对生物群体的社会行为进行模拟的一种进化计算方法，它最早源于对鸟群觅食行为的研究。

Bird-boid 模型是 1986 年 Craig Reynolds 在电影动画仿真鸟群的复杂群体行为中受启发建立的其遵循的 3 条原则如下：

（1）避免碰撞（Collision Avoidance，避免和邻近的个体相碰撞）；

（2）速度一致（Velocity Matching，和邻近的个体的平均速度保持一致）；

（3）向中心聚集（Flock Centering，向邻近个体的平均位置移动）。

以上 3 条规则是在研究生物群体行为的基础上提出的，该规律为 PSO 算法的基本思想之一。PSO 算法中，提出了个体学习和群体知识传递的概念，即每个粒子在决策中使用两类重要的信息，一是自身的经验，二是其他人的经验。也就是说，根据自身的经验和他人的经验进行自己的决策。人们的决策过程是一个将自身的经验与他人经验互相融合的过程，该规律为 PSO 算法的另一个基本思想。基于以上两个基本思想，使得 PSO 算法简单且容易实现，已成功应用于很多决策优化领域。

PSO 是不依赖于个体的自然演化规律的运行机制，而是模拟生物群体的社会行为的进化计算方法。PSO 算法利用信息共享机制，促进个体间相互借鉴经验，最终完成整个群体的进化。粒子群算法与进化算法有很多共同点。首先，粒子群算法和进化类算法均使用"群体"理念寻找最优值。其次，PSO 算法体现了现代算法的特点，不依赖于函数本身，算法中每个个体需要更新，通过更新个体最终达到整个群体的更新，而这和其他几种算法是类似的，如遗传算法、蚁群算法等。

粒子群算法有其自身的特点，主要表现有以下不同点：

（1）思想的差异性。

每种算法都有自己的想法，GA 通过对解编码将每个值转化为二进制序列，而每个二进制序列是不相同的，但是每个二进制序列的更新与其他二进制序列没有直接影响；蚁群算法中每个蚂蚁按照"信息素"的多少寻找路径，并在路径上留下自身的信息素；粒子群算法是模拟鸟群群体行为的模型，它的算法中每个鸟都受到了群体中其他个体的直接或间接影响。

(2)个体的更新方式不同。

PSO 算法直接来源于鸟群捕食行为的研究。在捕食过程中,每个鸟都会受到其他鸟的影响,因此算法本身考虑到了两部分信息:自身信息和群体信息。每个粒子都是通过这两部分信息来确定它的运动趋势,这主要体现在基本 PSO 算法的更新模型上,这是基本 PSO 算法与其他算法的一个显著的不同之处,也是基本 PSO 算法能够表现出比其他进化算法具有更多优良特性的重要原因。

(3)算法的先进性。

粒子群优化算法没有 GA 的交叉(Crossover)及变异(Mutation),是粒子在解空间中追随最优的粒子进行搜索。在遗传算法中,染色体互相共享信息,所以整个种群的移动是比较均匀地向最优区域移动。在粒子群优化算法中,除自身的历史记忆(pbest)以外,只有全局最优粒子给其他粒子共享信息(gbest),即只有全局最优粒子的认知才得以向整个群体传播。与遗传优化算法比较粒子群优化算法能更快地搜索到全局最优解。

6.3 基于粒子群的多目标养护决策模型

由于传统优化技术对于大规模、多峰函数、含离散变量等问题的有效解决存在着诸多障碍;而 GA 编码比较复杂、效率较低,所以粒子群算法因其参数设置少,收敛速度快,已在最优化领域得到了广泛的应用研究。

6.3.1 基本粒子群算法

PSO 中,每个优化问题的解都是搜索空间中的一只鸟,我们称之为"粒子"。所有的粒子都有一个被优化的函数决定的适应值(Fitness Value),每个粒子还有一个速度决定它们飞翔的方向和距离,然后粒子们就追随当前的最优粒子在解空间中搜索。PSO 初始化为一群随机粒子(随机解),然后通过迭代找到最优解。在每一次迭代中,粒子通过跟踪两个"极值"来更新自己，第一个就是粒子本身所找到的最优解，这个解称为个体极值（pBest），另一个极值是整个种群目前找到的最优解，这个极值是全局极值（gBest）。

粒子群算法准确描述为：在 D 维目标搜索空间中，n 个粒子组成一个群落。设每个粒子 i 包含一个 D 维的位置向量 $X_i=(x_{i1}, x_{i2}, \cdots, x_{iD})$ 和速度向量 $V_i=(v_{i1}, v_{i2}, \cdots, v_{iD})$。粒子 i 在搜索 D 维解空间时，记住单个粒子搜索到的最优位置 P_i，也就是这个粒子 i 所经历过的相应最好适应值的位置，也被叫做个体最好位置 Pbest。在群体中所有粒子经历的最好位置称作 gbest，即 P_g。在每次迭代中，粒子 i 根据自身惯性、自身经验 $P_i=(p_{i1}, p_{i2}, \cdots, p_{iD})$ 和群体最优经验 $P_g=(p_{g1}, p_{g2}, \cdots, p_{gD})$ 调整自身的速度向量，进而调整自身位置。

可以通过一个适值函数 $f(x)$ 来衡量粒子的优劣。相对最小化的问题，其目标函数值相应越小，所对应的适应值也就越好。假定 $f(x)$ 是最小化的目标函数，那么粒子 i 的当前相应最好位置可以由式（6-7）确定：

$$P_i(t+1) = \begin{cases} P_i(t) & f[X_i(t+1)] \geqslant f[P_i(t)] \\ X_i(t+1) & f[X_i(t+1)] < f[P_i(t)] \end{cases} \quad (6-7)$$

假设群体中的粒子总数是 s，那么群体中全部粒子所经历过的对应最好位置为 $P_g(t)$，也被当做全局最好位置，则

$$\begin{aligned} P_g(t) &\in \{p_0(t), \cdots, p_s(t)\} \mid f[p_g(t)] \\ &= \min\{f[p_0(t)], \cdots, f[p_s(t)]\} \end{aligned} \quad (6-8)$$

基本 PSO 算法采用如下公式更新粒子状态方程：

$$V_{ij}(t+1) = V_{ij}(t) + c_1 r_{1j}[P_{ij}(t) - X_{ij}(t)] + c_2 r_{2j}[P_{gj}(t) - X_{ij}(t)] \quad (6-9)$$

$$X_{ij}(t+1) = X_{ij}(t) + V_{ij}(t+1) \quad (6-10)$$

式中，i 表示微粒 i；j 表示微粒的第 j 维；t 表示第 t 代；c_1，c_2 为学习因子，是非负常数，常在[0, 2]间取值；r_1，r_2 是取值在（0，1）的随机数。$p_{ij}(t)$ 为个体最优位置，$p_{gj}(t)$ 称为全局最好位置，对应于全局最好粒子所处的

位置。从公式（6-9）和（6-10）可以看出，c_1，c_2 控制着单个粒子飞向自身最好位置和飞向全局最好位置的步长。$V_{ij}(t)$ 是常数，根据问题而设定。迭代终止条件根据具体问题一般选为最大迭代次数或（和）粒子群迄今为止搜索到的最优位置满足预定最小适应阈值。

粒子 i 是通过公式（6-9）和（6-10）来决定下一步的运动位置，在图6-2 中，以二维空间为例描述了粒子从位置 X^k 到 X^{k+1} 移动原理。

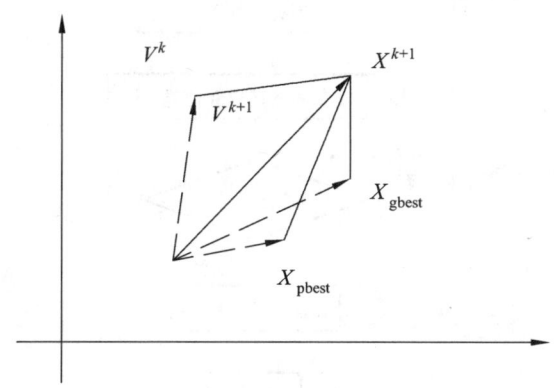

图 6-2　粒子移动原理图

基本粒子群具体算法流程如下：

选定粒子群种群规模 n。

设 x_i 为种群中第 i 个粒子的位置向量。

设 fitness(x_i) 为求第 i 个粒子的适值函数。

设 v_i 为第 i 个粒子的速度向量。

Step1：对每个粒子初始化，设定粒子群种群规模 n，随机产生 n 个初始解，并产生 n 个初始速度。

Step2：根据目标函数 fitness(x_i)，计算每个粒子的适应值。

Step3：对于每个粒子，将其适应值与粒子自身搜索到的最优位置的适应值进行比较，若较好，则将其作为当前的最好位置。

Step4：对于每个粒子，根据更新状态方程（6-9）和（6-10）对粒子的速度和位置进行更新。

Step5：循环迭代，直到满足 PSO 终止条件为止；否则，返回 Step2。

基本粒子群算法的流程图如图 6-3 所示。

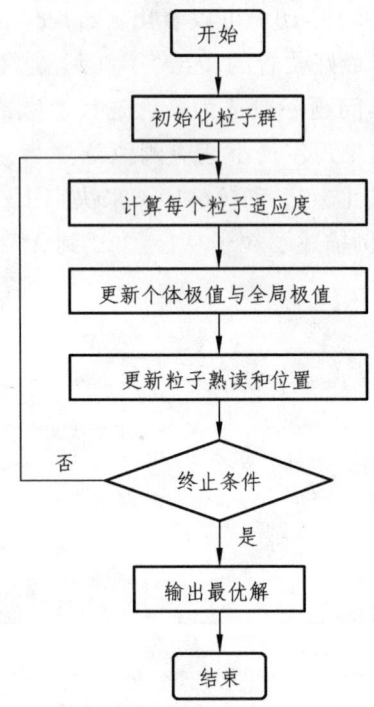

图 6-3　基本粒子群算法流程

基本粒子群的程序伪代码如下：
For 每一个粒子
{初始化；}
Do{
　　For 对每一个粒子
　　　　{计算适应度值；
　　　　If 适应度值大于历史最佳适应度值
　　　　重置为当前最佳的适应度值；}
　　　　标记适应度值最大的粒子，并当做最佳的粒子；
　　For 每一粒子
　　　　{根据公式（6-9）计算进化速度；
　　　　根据公式（6-10）计算进化后的位置；}
}

While 最优值没有满足或者未进入误差范围；

从上面的代码可以看到，应用 PSO 解决优化问题的过程中就是采用实数编码，不需要像遗传算法一样进行二进制编码，其较遗传算法简单，具有可并行搜索、可求解不可微分方程且无需方程梯度信息等优点，正成为继遗传算法、退火模拟算法之后优化领域研究的新方向。

6.3.2 带约束条件的多目标离散 PSO 决策模型

路面管理的养护决策优化是整个路面管理系统的核心部分。公路路面管理决策优化的主要目的是确定整个规划期内的全局最优养护方案，在考虑养护决策优化问题时，不仅要考虑不同的约束条件，还要处理多个相互冲突的目标函数，并且养护决策变量的解空间是局限于整数域的，这种带约束条件的多目标离散决策问题大大增加了优化问题的复杂程度，这类工程优化设计问题属于离散约束变量优化问题（Constrained discrete optimization，CDO）。CDO 是数学规划和运筹学中最有意义的，但也是目前较困难的领域之一。

在以往的路面管理决策中大多采用了整数规划的方法，而且传统的离散优化方法只能求得问题的局部最优解，或操作困难、计算速度较慢运行时间长，不能够满足在决策中高效准确地收敛到全局最优解的要求，而且面对大规模的路网优化，在实际中难以应用。粒子群优化（PSO）算法作为一种基于群体智能（SI）的优化技术，原理简单，具有较强的通用性和全局寻优的特点，是求解非线性和多峰特性目标函数全局最优问题的一种有效方法。但是标准的粒子群算法中，粒子位置 X_i 和速度 V_i，通常是在一定实数范围内随机给定，学习因子、惯性权重等也以实数形式表示，经过粒子群方程更新后的粒子位置和速度仍然属于实数空间域。因此，标准粒子群算法是一种属于连续空间域的优化算法，对于有约束离散变量的优化问题则不适合。

本书结合路面养护管理的实际需求，在构建基于离散空间的粒子群算法基础上，通过惩罚不可行解将约束条件转化为无约束问题求解，实现连续变量到离散空间的转换，并对算法参数的设定进行改进，提高了 POS 算法的整体性能，能够快速的寻求全局最优养护方案，从而建立带约束条件的多目标离散 PSO 养护决策模型，用于求解在投资预算等条件的约束下达到路网效益最大和投资费用最小化的养护优化方案。

6.3.2.1 离散粒子群决策模型

由于养护管理决策过去一直采用整数规划的方法，它的决策变量通常以路段养护优先或维修方式优先，以达到路面性能最大化，属于离散工程优化问题。所以本书首先进行问题建模，将管理决策需求问题转化为数学模型。非线性约束离散变量的优化设计模型如下：

$$\begin{cases} \min f(X), X = \{x_1, x_2, \cdots, x_n\}, x_i \in D_i \\ D = \{d_{i1}, d_{i2}, \cdots, d_{im}\}, i = 1, 2, \cdots, n \\ \text{s.t. } g_k(x) \leqslant 0, k = 1, 2, \cdots, N_c \end{cases} \quad (6-11)$$

式中，x_i 为第 i 个离散变量；D_i 为第 i 个离散变量的解集合；d_{im} 为第 i 个离散变量的允许取值集合，m 表示离散解的个数；N_c 为约束函数个数；X 为离散设计变量；$f(x)$ 为目标函数；$g(x)$ 为约束函数。

最初的粒子群算法是被用来解连续求解连续函数优化问题，基本粒子群算法中粒子位置 x_i 和速度 v_i，都是根据其范围而随机给定的，粒子速度以及位置的运算都是初等运算，通过粒子群方程更新后的粒子位置和速度还是归为实数空间域。除此之外，在其更新过程中的相关的参数，如惯性权重、学习因子等仍然是按照实数的形式表示出来。所以，基本的粒子群算法实际是一种用于连续空间域的优化算法。

由于基本粒子群算法主要针对的是连续函数搜索运算，但是在实际运用中，养护决策问题是关于离散的组合优化问题。显然，无法采用标准 PSO 算法的速度和位置更新公式进行求解。

针对养护决策离散优化问题，本书以 PSO 算法信息更新的本质机理为基础，根据基本 POS 的基本思想和算法框架，重新定义特有的粒子群离散表示方式与操作算子进行求解，在粒子自身速度、自身最佳位置和群体最佳位置的相互作用下获得新的速度和位置，在计算上采用离散空间特有的对矢量中的位操作取代传统向量计算，这就构建了基于离散空间的养护决策 POS 模型。

根据 POS 的进化机理，重新定义后的离散粒子状态更新公式为

$$V_i^{k+1} = \omega V_i^k \oplus c_1 r_1 \cdot \left(\text{pBest}_i - X_i^{k+1} \right) \oplus c_2 r_2 \cdot \left(\text{gBest} - X_i^k \right) \quad (6-12)$$

$$X_i^{k+1} = X_i^k \oplus V_i^{k+1} \quad (6-13)$$

基于离散空间的养护决策 POS 模型中，ω 为惯性因子；c_1，c_2 为学习因子；r_1，r_2 为随机生成的与位置同维度的矢量；矢量间的"加减法"为对二进制位的"异或"操作，记为 $\oplus$；矢量间"乘法"为对二进制位的"与"操作，记为 $\otimes$，从而构造了一种离散空间的 PSO 算法。基于离散空间的养护决策 POS 模型中粒子速度是与位置同维的二进制矢量，粒子的更新计算是在离散空间中进行，这样的得到的全局最优解集也是属于离散空间的。

从以上的算法可以看出，对于路面养护决策这类离散优化问题，在基本 POS 的基本思想和算法框架下，通过定义新的离散位置更新公式，构建基于离散空间的养护决策模型，在粒子位置和养护决策问题的整数域解空间之间建立一种新型的映射关系。

6.3.2.2 带约束条件的多目标离散粒子群优化求解

约束优化（constrained optimizations）处理的是由等式和（或）不等式等约束组成的优化问题。几乎每个重要的现实生活中的决策问题，都需要在考虑不同约束的同时处理若干相互冲突的目标，这些问题大大增加了问题的复杂程度。自 20 世纪 60 年代早期以来，多目标优化问题吸引了越来越多不同背景研究人员的注意力。常规的求解方法有多目标加权法、层次优化法、约束法、目标规划法和遗传算法等。非线性规划的传统解法非常复杂，而且效率不高；目前多数求解约束优化问题的进化算法都是用遗传算法（GA）实现的，但是 GA 编码比较复杂、效率较低。

解决约束最优化问题的常规解法可以分为两种途径：一种是把有约束问题化为无约束问题，再用无约束问题的方法求解；另一种是改进无约束问题的方法，使之能用于有约束的情况。罚函数法（penalty function method），由 Couran 在 1949 年提出，后来 Frish（1955 年）和 Carroll（1959 年）进行了深入研究。罚函数法在实践中使用比较广泛，其要点是把问题的约束函数以某种形式归并到目标函数上去，使整个问题变为无约束问题。

PSO 已被证明为全局最优化方法，但采用 PSO 算法求解约束多目标离散优化问题，关键是设计合理的约束处理技术，在维护外部条件的前提下，选取合适的全局和局部极值，使算法既能快速靠近可行域，又能在可行域中找到分布良好的 Pareto 解。本文将离散 POS 算法与惩罚函数法相结合，通过构造基于惩罚函数的适应度函数，构造了新的目标函数，据此进行粒子群操作，有效利用了不可行解，进一步提高了对可行解空间进行精确偏向搜索的能力，对于不满足约束条件及离散变量空间的点皆处以罚，使其被淘汰，该算法能很好地收敛到真实 Pareto 解，并且解的分布也相当均匀。

针对带约束条件的多目标离散养护决策模型，本文构造的基于惩罚函数的适应度函数形式如下：

$$F(X) = f(X) + P(X) \qquad (6\text{-}14)$$

式中，$f(X)$ 为目标函数；$P(X)$ 为惩罚函数。惩罚函数 $P(X)$ 表达式如下：

$$P(X) = \begin{cases} 0 & \text{若 } x \text{ 可行} \\ \sum_{i=1}^{m} r_i g(x) & \text{其他} \end{cases} \qquad (6\text{-}15)$$

式中，$g(x)$ 为约束函数；r_i 是约束条件的惩罚系数。Pareto 解的质量非常依赖于这些惩罚系数的值，当惩罚系数不适当时，算法可能收敛于不可行解；另一方面，惩罚系数过大时，该方法等价于拒绝策略。

在约束离散 POS 运行过程中，只有当解在可行域的前提下，粒子才能停止初始化和进行经验更新。为在可行域搜索到最优解，粒子搜索整个解空间，只跟踪并记录那些在可行域的解。当然，在粒子初始化的时候，必须保证初始化后的所有粒子都在可行域。带约束离散 POS 的程序主要代码如下：

```
For 每一个粒子{
Do{初始化粒子；}
   While 粒子在可行域（满足约束条件）
```

Do{
  For 对每一个粒子
    {计算适应度值；
    If 粒子 X_i 在可行域且目前适应度值优于自身经验 P_i 的适应值则更新 P_i；}
    选出粒子群中适应值最高粒子与群体最优 P_g 的适应值比较，如优于群体最优适应度，则更新 P_g；
    标记适应度值最大的粒子，并当作最佳的粒子；
  For 每一粒子
    {根据公式（6-12）计算进化速度 v_i；
    根据公式（6-13）计算进化后的位置 x_i；}
  }
}While 满足停止条件

与基本粒子群算法流程相比较，惩罚函数方法主要有两点不同：

（1）在初始化的过程中，每个粒子会被重复初始化直到粒子满足约束条件为止；

（2）当且仅当粒子 i 在可行域，才更新 P_i 和 P_g。

由于新的适应度函数的构造，原约束离散变量的优化设计问题被转化为无约束连续变量的优化设计问题。如果采用传统的优化方法求解，往往得不到全域最优解，甚至得不到局部最优解。本书将粒子群算法与传统惩罚函数法结合，发挥了算法各自的优势，并且最终能得到多目标问题的全局最优 Pareto 解。

6.3.2.3 决策算法参数的设定和调整

1. 惯性因子

在最初的基本 PSO 算法中，没有惯性因子 W，V_{max} 对算法性能的影响非常大，与优化问题相关性非常强，且不存在经验值，不合适的 V_{max} 将导致系统发散。Shi 和 Eberhart 于 1998 年提出了惯性因子（Inertia weight）的概念[57]，通过惯性因子 W 可很好地控制粒子的搜索范围，大大削弱了 V_{max}

的影响。W 值较大，全局寻优能力强，局部寻优能力弱；W 值较小，则利于局部搜索。如果 $W=0$，则粒子速度只取决于它当前位置的个体极值和全局极值，速度本身没有记忆。假设一个粒子位于全局最优位置，它将保持静止。而其他粒子则飞向其本身的个体极值和全局极值的加权中心。这种条件下，粒子群将收缩到当前全局最优位置，更像一个局部算法。如果 $W≠0$，则粒子有扩展搜索空间的趋势，从而针对不同搜索问题，可调整算法的全局和局部搜索能力。根据这些分析，本书不将约束离散粒子群算法公式（6-12）中的惯性权重设为定值，将其设为随时间线性递减的权重（linearly decreasing weight，LDW）[58]，即

$$W(t) = W_{\max} - (W_{\max} - W_{\min}) \cdot k/T_{\max} \quad (6\text{-}16)$$

式中，k 为当前迭代次数；$T_{\max}$ 为最大进化代数；$W_{\max}$ 为初始惯性权值；$W_{\min}$ 为最终惯性权重。典型取值 $W_{\max}=0.9$，$W_{\min}=0.4$。

2. 最大速度

最大速度 $V_{\max}$ 决定着粒子在迭代过程中在位置坐标所能允许的最大变化。为了防止系统迭代中出现发散，需要对粒子的最大速度进行限制。$V_{\max}$ 太大，可能会使得粒子飞过最优解；而太小的 $V_{\max}$ 则易导致搜索速度太慢，或是被局部最优解吸引，无法找到全局最优解。实验发现，采用 $V_{\max}=X_{\max}-X_{\min}$ 通常可取得较好的效果，因此目前的 PSO 算法也一般采用这个粒子最大速度约束条件。最大速度 $V_{\max}$ 的限制在许多时候能够改善算法的优化性能。

3. 群体规模

群体规模 M 大小的选择没有明确的公式依据，一般采用经验法取 20～60，对较难或特定类别的问题可以取到 100～200。许多的实验结果表明，增大 M 对改善算法的收敛精度的效果并不明显，而算法的计算复杂度却随着 M 的增大而快速增加，反而达不到寻优效果。

4. 学习因子

学习因子 c_1 和 c_2 是非负常数，其代表将每个粒子推向个体极值和全局极值位置的统计加速项的权值。较低的值允许粒子在被拉回之前可以在目

标区域外徘徊，较高的值导致粒子突然地冲向或越过目标区域。如果令 $c_1=c_2=0$，粒子将一直以当前速度飞行，直至边界，很难找到最优解。

为了使得粒子群算法达到更好的搜索效能，通常取 c_1 和 c_2 相等，Kennedy 认为[59]，系数 c_1 和 c_2 之和应为 4.0 左右比较好，这时的搜索效果比较好，本书的做法是将它们的值都设为 2。

6.3.3 粒子群算法在养护决策中的案例应用

1. 案例数据

本书选取文献[60]中的一个高速公路如何根据养护资金分配进行多目标路面养护决策作为实际案例。某公路养护部门所管理的五个路段有进行养护维修的实际需求，但是部门总共可以支配的养护资金仅有 350 万元。若不同的路段只考虑一个养护方案的话，并且每个方案的资料数据见表 6-1。

表 6-1 养护案例相关数据

方案	所需资金/万元	投资效益/万元	维修前路况（10 分制）	维修后路况（10 分制）	采用方案后所需的日常养护工作量/（人·日）	需修复的面积/m^2
方案 1	100	10	7	8	108	10000
方案 2	90	8	7	9	130	8000
方案 3	95	9	6	8	124	9000
方案 4	120	11	7	9	90	12500
方案 5	80	7	7	8	110	8500

如果该部门的养护能力有限，只能对 40 000 m^2 的破损路面进行养护，且要求养护后的日常养护工作量不超过 350 人·日，则应该采用哪些方案，才能够使投资收益最大、养护后的整体路况最好。

2. 模型建立

根据粒子群优化算法，首先进行问题建模，将管理决策需求问题转化为数学问题。公路路面管理决策优化的主要目的是确定整个规划期内的全局最优养护方案，也就是需要在有限资金投入的情况下，确定出在投资预算等条件的约束下达到路网效益最大和投资费用最小化的养护计划。根据案例养护决策目标，设定 3 个目标函数分别是要求投资收益最大、养护后整体路况最好、投资费用最小，并且约束函数由费用约束、实际工作量约束等组成；设决策变量为 x_i（$1 \leq x_i \leq 5$，$i \in \mathbf{N}$），$x_i=1$ 或者 0 分别代表是否采用第 i 个方案，则决策解集实际属于离散空间的求解，这样就构成了带约束条件的多目标离散养护决策优化数学模型如下：

目标函数：

$$\max Z_1 = 10x_1 + 8x_2 + 9x_3 + 11x_4 + 7x_5 \quad （投资收益最大）$$

$$\max Z_2 = 8x_1 + 9x_2 + 8x_3 + 9x_4 + 8x_5 \quad （养护后整体路况最好）$$

$$\min Z_3 = 100x_1 + 90x_2 + 95x_3 + 11x_4 + 7x_5 \quad （投资费用最小）$$

约束条件：

$$100x_1 + 90x_2 + 95x_3 + 11x_4 + 7x_5 \leq 350$$

$$10\,000x_1 + 8\,000x_2 + 9\,000x_3 + 12\,500x_4 + 8\,500x_5 \leq 40\,000$$

$$108x_1 + 130x_2 + 124x_3 + 90x_4 + 110x_5 \leq 350$$

（要求 $X_i=0$ 或 1）

3. 算法流程

求解高速公路养护决策问题时，养护决策这种决定性问题的解空间实际是离散的，由于基本粒子群算法应用属于连续空间域的优化算法，从而无法得到所需求的解。因此如何将粒子群算法应用于离散问题的求解，特别是用于高速公路养护管理决策中，求解带有约束条件的多目标离散优化问题，就成为本章对粒子群算法改进的主要研究方向。本文结合路面养护管理的实际需求，在构建基于离散空间的粒子群算法基础上，将 POS 算法映射到离散空间，在计算上以对矢量的位操作代替向量操作，通过惩罚不可行解将约束条件转化为无约束问题求解,实现连续变量到离散空间的转换,并对算法参数的设定进行改进,在粒子的位置与养护决策的解空间形成一种新的映射关系,从而能够快速的寻求全局最优养护方案。

带约束条件的多目标离散 PSO 养护决策算法步骤如下:

(1)初始化相应的粒子群。可以随机产生 N 粒子,对于那些每一个粒子给予初始的速度 v_i 以及位置 x_i,基本参数设置如下:

pop_size = 100;   %   pop_size   种群规模
part_size = 5;   %   part_size   搜索空间维度
max_gen = 10;   %   max_gen   最大迭代次数
w_max = 0.9;   %   惯性因子最大值
w_min = 0.4;   %   惯性因子最小值

(2)选择算法惯性因子。在基本粒子群算法中,惯性因子是动态调整的。由于惯性因子在比较大的时候可以提高搜索速度,却非常容易陷入相应的局部最优;另外在惯性因子比较小的情况下,其搜索的速度比较慢,对其全局收敛是非常不利的。所以,我们在选取惯性因子的时候采用公式(6-16)随时间线性递减的权重,从而使其搜索能够在刚开始是速度不会太慢,当然后期也不会落入局部的最优化。

(3)适应值计算。根据目标函数与约束罚函数结合的方法,将约束函数改为惩罚项设置,构建新的目标函数 fitness(x_i):

$$\text{fitness}(x_i) = W(1) \cdot Z_1 + W(2) \cdot Z_2 - W(3) \cdot Z_3 + \text{Punish\_factor}(1) \cdot Sb_1 + \text{Punish\_factor}(2) \cdot Sb_2 + \text{Punish\_factor}(3) \cdot Sb_3$$

式中,$W(i)$ 为惯性权重;Z_i 为原目标函数,Punish_factor 为惩罚因子;Sb_i 为约束惩罚函数。令 $p_i=x_i$ 计算每个粒子的适应值,以种群中适应值最优的粒子位置向量作为 p_g。

(4)根据本章建立的离散空间的粒子更新公式(6-12)、(6-13)改变每个粒子的速度 v_i 和位置 x_i。

(5)个体最优值与全局最优值更新:对每个粒子,计算适应值 fitness(x_i)。如 fitness(x_i) < fitness(p_i),则 $p_i=x_i$;通过搜索 p_g 值,如 fitness(p_i) < fitness(p_g),则 $p_g=p_i$,通过对不同的粒子的适应值和相对应的最优

个体值做对比，找出适应值较小的当作更新后的个体最优值。然后再把相应的适应值小的个体存储于非劣解集，并在非劣解集中将其选取为全局最优解。

（6）判断满足条件与否：是，即结束；否，则转到（4）。

（7）输出最优 Pareto 解，生成最优养护方案。

带约束条件的多目标离散 PSO 养护决策算法基本流程如图 6-4 所示。

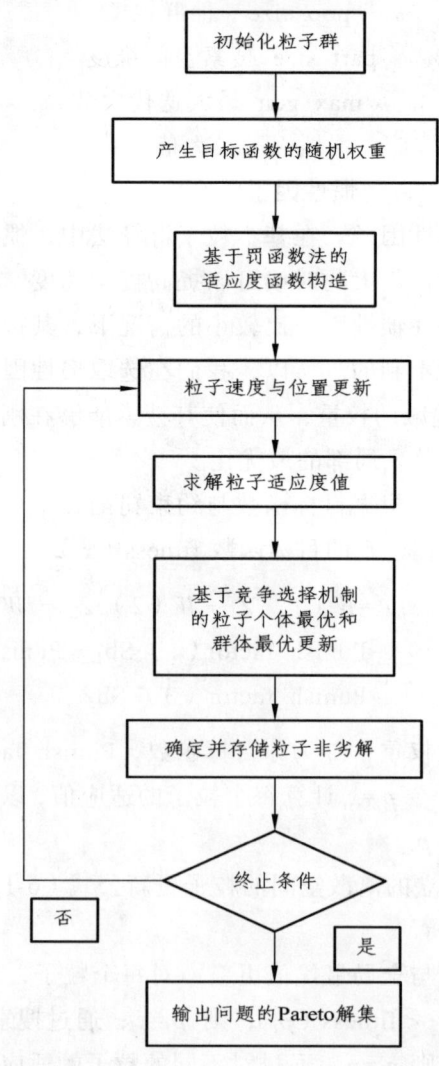

图 6-4　求解带约束条件的多目标离散 PSO 养护决策算法流程图

4. 成果分析

通过带约束条件的多目标离散 PSO 养护决策算法求解，得到在三维空间的养护决策 Pareto 解分布图，如图 6-5 所示；并且同时可生成养护决策的具体方案对比，见表 6-2。

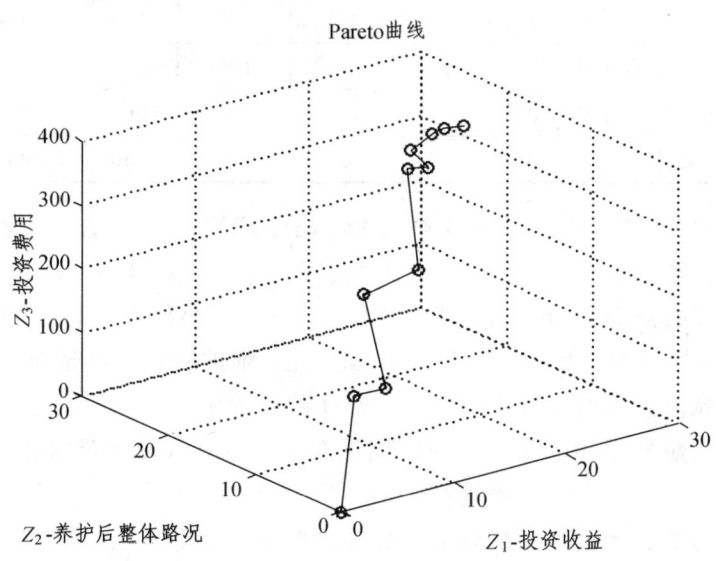

图 6-5　基于三维空间的养护决策 Pareto 解分布

表 6-2　约束条件下多目标养护决策方案

方案	x_1	x_2	x_3	x_4	x_5	投资收益（万元）（Z1）	养护后路况（分）（Z2）	投资费用（万元）(Z3)	约束1	约束2	约束3
1	1	0	1	1	0	30	25	315	-35	-8 500	-28
2	1	1	0	1	0	29	26	310	-40	-9 500	-22
3	0	1	1	1	0	28	26	305	-45	-10 500	-6
4	0	1	0	1	1	26	26	290	-60	-11 000	-20
5	1	0	1	0	1	26	24	275	-75	-12 500	-8
6	1	1	0	0	1	25	25	270	-80	-13 500	-2
7	1	0	1	0	0	19	16	195	-155	-21 000	-118

续表

方案	x_1	x_2	x_3	x_4	x_5	投资收益（万元）（Z1）	养护后路况（分）（Z2）	投资费用（万元）（Z3）	约束1	约束2	约束3
8	0	1	0	0	1	15	17	170	−180	−23 500	−110
9	1	0	0	0	0	10	8	100	−250	−30 000	−242
10	0	1	0	0	0	8	9	90	−260	−32 000	−220
11	0	0	0	0	0	0	0	0	−350	−40 000	−350

由表 6-2 可以看出，本算例解出 Pareto 最优解为 11 个，决策管理者可以很方便清晰地找到整个路网最优方案①：维修 1，3，4 号路段，花费 315 万元，投资收益 30 万元，维护后总体路况 25 分；最优方案②：维修 1，2，4 号路段，花费 310 万元，投资收益 29 万元，维护后总体路况 26 分。当然可以根据预算投资费用或实际情况，选择其余优化方案。

对比文献所采用的是数学规划优化方法，没有将投资费用最小作为优化目标函数，只是设定投资收益最大、养护后整体路况最好作为 2 个优化目标函数考虑，而且该文献只可以对 5 个及 5 个以下的方案进行养护资金的优化分配。文献通过传统数学加权和的方法求得的唯一最优解为：采用方案 1、方案 3、方案 5 能满足要求，此时需要养护资金 275 万元，投资收益为 26 万元，养护后整体路况总和为 24。从优化结果能够知道文献中所求出的解并不是全局最优解，而且也无法进行多个方案可行性选择。但是应用本文所提出的带约束条件的多目标离散 PSO 养护决策算法完全可以高效、准确求出目标函数的 Pareto 最优解，能够满足大规模路网中多个路段养护管理决策方案的协调和部署。

6.4　本章小结

（1）路面的养护决策优化是整个路面养护管理系统的核心，常用的优化方法有数学规划优化法和人工智能优化法。数学规划优化包括决策树、排序法、线性规划、近似优化、动态规划和马尔可夫决策规划；智能优化算法主要包括进化算法、粒子群算法、蚁群算法、人工免疫系统等。

（2）对现有路面进行有效的管理，实质上就是是一个追求投资费用最小和养护效益最大的问题，也就是多目标优化的问题。多目标优化问题不存在唯一的全局最优解，而是存在多个最优解的集合，即 Pareto 最优解。

（3）基于离散空间的粒子群算法与惩罚函数法相结合，可以发挥算法各自的优点，求解约束离散变量优化设计问题，其为整数规划决策问题的解决提供了新思路。

（4）在以往的养护决策优化和多目标优化研究的基础上，对养护决策过程中需要在有限资金投入的情况下，确定出在投资预算等的约束条件下达到路网效益最大和养护投资费用最小化的养护方案，本书提出采用带约束条件的多目标离散 PSO 养护决策模型求解全局最优养护方案的 Pareto 解，从而实现管理决策的智能化。

第 7 章 展 望

本书以 GIS 技术为开发平台编辑录入路面性能检测相关数据，进行高速公路路面使用性能评价与预测，建立带约束条件的多目标离散 PSO 养护决策模型，以实现养护管理决策的智能化，取得了一定的研究成果，但有些工作并没有深入展开，仍需要以后在以下几个方面开展进一步的研究：

（1）公路路面养护管理决策的首要前提就是要做好路面基础数据检测，根据国外这方面的研究和发展趋势，如果能够有效地把自动检测和路面评价相结合，进一步完善性能评价模型，就会从一定程度上提高其现代化的发展水平，并极大地发挥其养护效益，建立基于现代检测技术的路面评价新体系和新方法将会是一种新的研究方向。

（2）基于 GIS 技术的高速公路养护管理信息系统与传统的高速公路管理方式相比，具有很大的优势，是高速公路养护管理现代化和信息化的基础，目前公路 WebGIS 的应用研究才起步，将其推广还需在实际应用中加以改进。

（3）目前国内对约束的离散多目标 PSO 算法的研究工作还不是很深入，如何改进离散 PSO 算法的性能，尤其是解决其易陷入局部最优的问题仍需进一步探讨；扩展 PSO 与其他算法的融合，利用其他智能演化的优点，如混沌理论、免疫机制等有待更深入研究。构造混合算法是 PSO 算法改进的一个重要方向，将使智能算法更好地应用于公路养护决策。

参考文献

[1] 交通运输部公路局，中交第一公路勘察设计研究院有限公司.（JTG B01—2015）公路工程技术标准[S]. 北京：人民交通出版社，2014.

[2] 孙国庆. 充分发挥规划引领作用加快推进综合交通发展[EB/OL]. [2015-09-09].http://www.chinahighway.com/news/2014/808916.php.

[3] 交通运输部."十二五"公路养护管理发展纲要（交公路发〔2011〕505号）[S]. 2011.

[4] 姚祖康. 路面管理系统[M]. 北京：人民交通出版社，1993.

[5] AASHTO.Pavement Management Guide, Executive Summary Report[R]. America Association of State Highway and Transportation Officials, 2001.

[6] Mulholland P J. Pavement Management System for local Government guidelines report[R]. Australian Road Research Board（ARRB），1991.

[7] 潘玉利. 路面管理系统原理[M]. 北京：人民交通出版社，1998.

[8] Haas R，W R Hudson. Modern Pavement Management[M]. Krieger Publishing Company，1994.

[9] Fred，Finn. Pavement Management Past，Present and Future[J]. Public Roads，1998，62（1）：16-24.

[10] 刘晓明，王昌衡. 美国路面管理系统的问题与启示[J]. 中南公路工程，2000（1）：71-73.

[11] Farmkh Sohad，W R Hudson. Network-level Implementation of URMS [R]. A Graphical Urban Management System，1996.

[12] 李明，陈谦应，彭克刚，等. 路面管理系统发展综述[J]. 重庆交通学院学报，2005，24（3）：69-73.

[13] 陈国靖. 国外公路路面管理系统研究动态[J]. 公路交通科技，1995

（1）：54-59.

[14] WatanatadaT.The Highway Development and Management Series[J]. HDM-Ⅲ Series，The World Bank，2000(1).

[15] 赵子亢. 资金管理更透明——美国 Oakland 国际机场道路路面管理系统（APMS）[J]. 中国公路，2008（12）：68-69.

[16] 蒋新亭. 浅谈美国的交通信息系统[J]. 山西建筑，2008，34（13）：364-365.

[17] ESRI China. ArcGIS—构建交通行业 GIS 应用优秀解决方案[EB/OL]. [2015-09-09].http：//www.esrichina-bj.cn.

[18] Snaith M S. Pavement Maintenance and Management System Manual[M]. Birmingham:The University of Birmingham，1984.

[19] 曾沛霖,潘玉利,赵延东. 路面管理系统的研究开发与推广应用[J]. 公路交通科技，1993，10（2）：1-6.

[20] Watanatada T. The Highway design and maintenance standards model[R]. HDM-Ⅲ Series，the World Bank，1987.

[21] 曾沛霖. 干线公路路面评价养护系统技术开发——"七五"国家重点科技攻关项目研究报告[R]. 北京：交通部公路科学研究所，1990.

[22] 潘玉利. 干线公路路面管理系统（CPMS）推广应用研究报告[R]. 北京：交通部公路科学研究所，1996.

[23] 李昌铸. 公路桥梁管理系统（CBMS2000）的开发与应用[J]. 公路交通科技，2003，20（3）：84-90.

[24] 边庄力. GIS 在公路设计中的应用研究报告[R]. 北京：交通部公路科学研究所，2000.

[25] 潘玉利. 路面管理系统基础教程[M]. 北京：人民交通出版社，2002.

[26] 喻翔. 高速公路路面养护管理系统决策优化的研究[D]. 成都：西南交通大学，2005.

[27] 《高速公路养护管理手册》编委会. 高速公路养护管理手册[M]. 北京：人民交通出版社，2001.

[28] 孙立军. 城市基础设施管理系统总报告[R]. 上海：同济大学道路与交通工程系，2003：47-49.

[29] 李明，陈谦应，彭克刚，等. 路面管理系统发展综述[J]. 重庆交通学

院学报，2005，4（3）：69-73.

[30] 曾江洪. 高速公路运营管理指南[M]. 北京：人民交通出版社，2006.

[31] 辛伟. 目前高速公路养护体制存在问题及对策研究[J]. 公路，2007（09）：209-212.

[32] 郭海东. 高等级公路养护管理发展对策研究[J]. 科技信息，2009（08）：276-277.

[33] 余光祥. 高速公路养护管理存在问题及对策研究[J]. 工程与建设，2008，22（03）：418-419.

[34] 王庆华，姚雪平，朱国华. 关于高速公路（沥青）路面养护管理的探索[J]. 中国科技信息，2008（10）：56-57.

[35] 陈述彭，鲁学军，周成虎. 地理信息系统导论[M]. 北京：科学出版社，2000.

[36] 颜辉武，吴涛，王方雄. 网络地理信息系统[M]. 北京：测绘出版社，2007.

[37] 刘南，刘仁义. Web GIS 原理及应用[M]. 北京：科学出版社，2005.

[38] 曾凡奇，王复明，王晓冉，等. 公路工程现场检测新技术[M]. 人民交通出版社，2006.

[39] 萨师煊，王珊. 数据库系统概论[M]. 北京：高等教育出版社，2000.

[40] 宫鹏，陈俊. 实用地理信息系统[M]. 北京：科学出版社，1998.

[41] 乔彦友，武红敢. 地理信息系统中动态分段技术的研究[J]. 环境遥感，1995（03）：211-216.

[42] 刘湘南，黄方，王平，等. GIS 空间分析原理与方法[M]. 北京：科学出版社，2005.

[43] Darter M.Reliability Concepts Applied to the Texas Flexible Pavement System[R]. Washington D C：HRB，1972.

[44] 郝大力. 路面性能的评价与分析研究[D]. 西安：长安大学，2000.

[45] 沙庆林. 高速公路沥青路面早期破坏现象及预防[M]. 北京：人民交通出版社，2001.

[46] 黄文雄，谭利英，邓丽娟. 公路路面使用性能评价方法研究[J]. 交通科技，2003，（04）：97-100.

[47] 赵静. 沥青路面的使用性能评价和预测模型[D]. 大连：大连理工大

学，2008.

[48] 于联明，刘文刚. 高速公路路况评价方法的研究[J]. 山西交通科技，2000（05）：1-12.

[49] 黄晓明，高英. 道路管理与系统分析方法[M]. 北京：人民交通出版社，2009.

[50] 张起森. 高等路面结构设计理论与方法[M]. 北京：人民交通出版社，2005.

[51] 熊辉，史其信，潘先榜. 路面管理理论与方法的研究进展及趋势[J]. 土木工程学报，2004（01）：65-69.

[52] 李志刚，洪锋. 动态规划原理在高速公路网级养护决策中的应用[J]. 解放军理工大学学报，2002，3（1）：60-62.

[53] Carlos A. An updated survey of GA-based multi-objective optimization techniques[J]. ACM Computing Surveys 2000，32（2）：109-143.

[54] 谢涛，陈火旺. 多目标优化与决策问题的演化算法[J]. 中国工程科学，2002（02）.

[55] 岳超源. 决策理论与方法[M]. 北京：科学出版社，2003.

[56] C M Fonseca，P J Fleming.An Overview of Evolutionary Algorithms in MultiobjectiveOptimization[J]. Evol Computer，1995（3）：1-16.

[57] Shi Yuhui，Eberhart R. Parameter Selection in Particle Swarm Optimization[J]. Proc of the 7th Annual Conf on Evolutionary Programming Washington D C，1998：591-600.

[58] Shi Y，Eherhart R C. Parameter Selection in Particle Swarm Optimization [J]. SeventhAnnual Conference on Evolutionary Programming，1998：591-600.

[59] Kenny J，Spears W M. Matching algorithm to problems：an experimental test of the particle swarm and some genetic algorithm on the multimodal problem generator[C]//Conference on Evolutionary Computation. Piscataway，NJ：IEEE Press，1999：78-83.

[60] 何平，朱荣军，石子石. 高速公路养护资金的优化分配[J]. 江苏交通，2002（11）：30-31.